Henrik Bönitz

Das Haus steht an einer Straße

Komisches und Informatives aus dem Berufsleben eines Immobilienmaklers (nicht nur für Verkäufer und Käufer)

www.tredition.de

© 2016 Henrik Bönitz
Lektorat, Korrektorat: Kay Daniela Szantyr

Verlag: tredition GmbH, Hamburg

ISBN
Paperback: 978-3-7345-1702-0
e-Book: 978-3-7345-1703-7

Printed in Germany

Inhalt

Geleit

Wenn ich für eine Immobilie einen Käufer gefunden habe und die notarielle Beurkundung bevorsteht, mache ich auf Wunsch eine Kaufvertragsbesprechung, um das Fachchinesisch zu übersetzen. Die Besprechung würze ich mit einigen Beispielen und Begebenheiten, welche ich im Laufe meiner Maklertätigkeit erlebt habe. Dass es sich hierbei nicht nur um ernste Dinge handelt, kann sich sicherlich jeder vorstellen, sodass ich den einen oder anderen Lacher auf meiner Seite habe. Deshalb kam seitens der Käufer immer wieder der Vorschlag, doch mal ein Buch darüber zu schreiben.

Nun kann man solche Storys nicht einfach hintereinander eintippen, denn ein Außenstehender könnte damit wenig anfangen. Also habe ich mich bemüht, die Situationen, welche man als Makler erfährt, in einen Zusammenhang zu bringen mit den Fragen und Problemen, die beim Immobilienkauf fast immer auftreten. Ich hoffe, ich kann dem Leser so auch Wissenswertes über den Immobilienverkauf vermitteln. Und vielleicht werden Käufer wie Verkäufer nach dem Lesen dieses kleinen Buches etwas anders über den Maklerstand denken. Ich hoffe es.

(Übrigens: Der Titel des Buches bezieht sich auf den finalen Ablehnungsgrund eines Kaufinteressenten.)

Irrtümer über den Hausverkauf

Viele Verkäufer sind der Ansicht, dass man nur in der warmen Jahreszeit Häuser verkaufen könne. Dann, wenn alles herrlich blüht und der Garten so schön grün ist. Es wird dabei gerne vergessen, dass man die überwiegende Zeit des Jahres doch im Haus verbringt und nicht im Garten.

Die so genannte „schmutzige Jahreszeit" ist daher für den Käufer vorteilhafter, denn meist hat er sowieso seine eigenen Vorstellungen von Gartengestaltung, kann aber jetzt wenigstens feststellen, ob die Heizung tatsächlich funktioniert oder ob es durch die Fenster zieht, ob die Wände kalt sind und ob es sich tatsächlich um ein Nichtraucherhaus handelt. Ein weiterer Punkt ist der Wärmebedarf des Vorbesitzers. Ist es auch wirklich gemütlich, oder bewegen sich die Eigentümer im Eskimo-Bereich? Das hat schon so manchen niedrigen Verbrauchsausweis erklärt. Liegt im Gegensatz zu den Nachbarhäusern kein Schnee auf dem Dach und blühen an der Hausaußenkante die Maiglöckchen, sollte man stutzig werden.

Der Vorteil für den Verkäufer ist im Winter das gepflegt aussehende Grundstück. Die weiße Pracht erfreut nicht nur die Gemüter, weil sie zum Winter gehört; der Schnee verdeckt auch wunderbar die Dreckecken des Grundstücks.

Dass der Winter eine schöne Verkaufszeit ist, zeigt sich rings um die Kreisstadt Gransee in Oberhavel. Hier gibt es nämlich einen Fallschirmsprungplatz, an dem natürlich im Winter nicht gesprungen wird. Um aber sommers mit dem Fallschirm in die Tiefe springen zu können, muss man erst einmal in die Höhe gelangen. Dafür sorgt eine kleine zweimotorige Maschine, die die Sprungwilligen bis auf 4.000 Meter fliegt. Das Hochschrauben hört man in einem Umkreis von mindestens 15 Kilometern, und da Luft ja bekanntlich weder Balken noch Schallschutzwände hat, wird man auch in einiger Entfernung das Gefühl nicht los, direkt neben dem Flugzeugpropeller zu stehen. Immerhin – sollte dann doch einmal jemand fragen, wie lange das so weitergeht, kann man sehr präzise antworten: nur das gesamte Wochenende, und nur so lange, bis die Abendsonne den Asphalt küsst.

Einbauküchen und andere Pflänzchen

Die Verkäufer, die an dem irrigen Glauben festhalten, man müsse ab Frühjahr verkaufen, sehen in ihren mitunter wirklich tollen Anpflanzungen eine Aufwertung der gesamten Immobilie. Jede Pflanze, jeder Busch wird aufgezählt und wieviel Mühe man damit hatte. Dass jeder Käufer seine eigenen Vorstellungen hat oder gar allergisch auf einige Pflanzen sein könnte, wird ignoriert. Noch besser ist die Aussage, derjenige komme für das Grundstück dann nun mal nicht in

Frage. Ähnliche Argumente hört man übrigens auch bezüglich der Möbel.

Eine Verkäuferin in Nassenheide war völlig verliebt in ihre „neue" Einbauküche. Bei der Besichtigung des Hauses wurde großer Wert darauf gelegt, dass man sich selbst davon überzeugte, wie herrlich unempfindlich das hellgrüne Dekor gegen Fingerabdrücke ist. Auf den Hinweis, dass die neuen Besitzer möglicherweise andere Vorstellungen hätten, wurde barsch erwidert, dann dürften die das Haus eben nicht kaufen.

Vor allem ältere Verkäufer sind mitunter auch der Meinung, die Käufer sollten die alten Möbel übernehmen – schließlich ist ja alles passgenau ausgesucht worden. Auf Einbauschränke mag das zutreffen, auf alles Bewegliche eben nicht unbedingt. Unter „beweglichen Möbeln" fasse ich Tisch, Stuhl und Schrank zusammen; „fest" sind WC, Badewanne, Waschtisch und eventuell die Einbauküche. Das Beharren auf der wunderbaren Passung der alten Möbel entspringt aber oft nur der Faulheit, seinen Plunder umzuziehen, und die Verkäufer vergessen oft völlig, dass andere Menschen eigene Möbel haben (auch wenn die vielleicht nicht in die Räume passen) und keinen Sperrmüll übernehmen möchten. Oft ist viel Zeit und Redekunst nötig, um die

Verkäufer davon zu überzeugen, nicht mehr als vielleicht ein paar Regale im Haus zu belassen.

Ein weiteres beliebtes Argument von Verkäufern, um überzogene Vorstellungen zu rechtfertigen, ist, dass man aus dem Haus noch so viel machen könne. Ohne darüber nachzudenken, planen und arbeiten sie mit dem Geld der Käufer. Es stellt sich dann allerdings die Frage, warum sie selbst all das nicht realisiert haben? Oft lag es am lieben Geld oder auch am handwerklichen Unvermögen. Auf der anderen Seite stellen auch gerne mal die Käufer ihre geplanten Umbaumaßnahmen den Verkäufern in Rechnung. Dann wird aufgerechnet, dass das neue Bad über 20.000 Euro kostet mit den erforderlichen hochwertigen Armaturen und, nicht zu vergessen, dem Whirlpool, denn in nichts anderem kann man sich waschen. Für diese unverzichtbaren Maßnahmen soll der Verkäufer dann entsprechend den Preis nachlassen. Das aber ist wiederum auch nicht gerechtfertigt.

Der Makler, das unwissende Wesen

Auch als Makler unterliegt man natürlich Irrtümern – zum Beispiel, wenn man glaubt, schon alles über den Kaufinteressenten zu wissen. Hatte ich den einen oder anderen bereits länger in der Kartei und mehrere Besichtigungen durchgeführt, war ich der Meinung, alles über das jeweilige Suchprofil zu wissen. Damit kann man sich als Makler aber herrlich selbst ins Knie schießen: Denn jeder, der länger auf der Suche nach einem passenden Haus ist, macht irgendwann Abstriche. Dann benötigt er vielleicht doch gar keinen S-Bahnhof in unmittelbarer Nähe, oder das Haus muss nicht mehr unbedingt 200 Quadratmeter groß sein, weil die Schwiegermutter zwischenzeitlich im Heim gelandet ist, die ursprünglich mit einziehen sollte. Ich dachte am Anfang einfach viel zu viel für den Kunden mit. Was wirklich hilft, ist nur: immer wieder nachfragen.

Gebrauchte Häuser – nichts für Tangotänzer

Wer auf der Suche nach Bestandsimmobilien ist, kann einiges erzählen. Vorteil gegenüber Neubauten sind unter anderem der geringere Preis und der geringere Ärger, weil man sich nicht mit Baupfusch und Ähnlichem herumschlagen muss. Wenn mir ein Kunde erzählt, dass er für den Preis des Angebotes ja genauso gut neu bauen könnte, habe ich mehr als nur ein Argument zur Hand, warum dem nicht so ist.

So stehen in der Werbung der zahlreichen Hausbaufirmen in der Regel Lockangebote – zum Beispiel „Haus mit 115 qm, einfache Ausstattung, und Grundstück mit ca. 600 qm für 180.000 Euro". Klingt erstmal schön. Jetzt kommen Baugenehmigung, Einmessung, Heranführung von Wasser, Strom, gegebenenfalls Erdgas oder Fernwärme ans Haus dazu sowie der Baustrom. Kostenpunkt zusammen rund 26.000 Euro. Nun ist das Haus schlüsselfertig, was bedeutet: Fußboden, Maler- und Fliesenarbeiten können jetzt durchgeführt werden – Einziehen kann man also noch nicht. Aber wenn dann endlich auch die neue Einbauküche geliefert wurde, ist das Haus bezugsfertig.

Der Garten ist inzwischen zerwühlt von der Bautätigkeit, ein Zaun fehlt noch, das Auto steht im Schlamm (war da nicht eine Garage am Haus geplant?), man benötigt Gummistiefel, um zum Haus zu gelangen, und eine Terrasse baut man erst einmal aus nicht abgeholten Europaletten. Als erstes wird das Grundstück mit Lebensbäumen umpflanzt, der Rest kommt später. Nach A. Riese sind wir jetzt ca. bei 230.000 bis 250.000 Euro und noch immer nicht fertig, denn für die Grasaussaat benötigt man Mutterboden, und der Weg soll befestigt werden.

Ich sage dann zu diesen Besserwissern, dass sie einmal mit Freunden reden sollten, die gebaut haben, und fragen, was diese insgesamt *tatsächlich* ausgegeben haben. Es ist in den allermeisten Fällen deutlich mehr, als vorher einkalkuliert wurde. Und mir muss darüber keiner was erzählen, denn bevor ich mich für die Maklertätigkeit entschieden habe, war ich im Neuhausvertrieb inklusive Finanzierung tätig. Immerhin: Bei unserer Firma saß kein Kunde anschließend schluchzend vor der Baugrube und sah im trüben Bauwasser sein Leben untergehen.

Man kann es rechnen wie man will, ein gebrauchtes älteres Haus ist inklusive der Nebenkosten um ein Viertel, bis zu einem Drittel und bei Glück sogar um die Hälfte günstiger als ein Neubau! Natürlich muss man damit rechnen, dass die Zimmeraufteilungen nicht immer so ideal sind wie bei einem selbst geplanten Neubau, aber mit etwas handwerklichem Geschick und guten Freunden lassen sich Wände durchbrechen, Türen versetzen oder Fenster umbauen.

Außerdem hängt der Grundriss auch davon ab, aus welchem Baujahr das Objekt ist. In den Jahren bis 1970 war zum Beispiel das Badezimmer ein Ort, der keine große Aufmerksamkeit verdiente. Benötigt man heutzutage wahre Badepaläste, war man früher mit dem Einfachsten zufrieden. Eine Wanne für das Samstagsbad, ein kleines Waschbecken und die Toilette brauchten nicht viel Platz und waren zumeist in schlauchähnlichen Räumen untergebracht.

Im Durchschnitt verbringt jeder Bundesbürger rund sieben Stunden pro Woche im Bad und ist damit beschäftigt, sich durch den Spiegel mit mehr oder weniger Wohlwollen selbst zu betrachten. Es gibt aber auch Menschen, die in ihren Badezimmern wohnen – die sollten sich von Vornherein Häuser der jüngeren Zeit aussuchen. Am besten ab 1985, denn da wurden die Badezimmer schon größer gestaltet. Die Säle, die sich heute „Badezimmer" nennen, trifft man in älteren Häusern selten an. Es war damals schlicht nicht erwünscht, im Badezimmer Tango zu tanzen.

Schnäppchenhäuser –
Sparen kann teuer werden

*Ü*ber Handwerksobjekte wird auch gern nachgedacht. Sicherlich für Käufer mit handwerklichem Geschick und vielen Ideen eine interessante Angelegenheit, sind sie aber für Leute, die nur Daumen an den Händen haben, ungeeignet. Diese wären dann auf Handwerksfirmen angewiesen, was den Preis in eine ungeahnte und völlig unplanbare Höhe treibt, sodass sie ihre Wahl lieber gleich auf intaktere Immobilien fallen sollte.

Ausnahmen sind besondere Objekte wie zum Beispiel ein kleines Jagdschloss oder eine alte Mühle. Leider muss man sich hier ausschließlich auf den äußeren Anschein verlassen – es ist vom Eigentümer nunmal nicht zu verlangen, den Fußboden, die Wand, die Decken zu öffnen, um mal zu schauen, was sich dahinter verbirgt. So bleiben einem nach der Übergabe nur die Überraschungen. Das ist dann der bekannte „Ach herrje!"-Effekt.

Nachdem der Vorbesitzer die Möbel ausgeräumt hat, kommen manch unschöne Dinge zum Vorschein wie krumme Wände und schiefe Böden. Es ist nicht gerade aufreizend, wenn das aufgehängte Ölgemälde im unteren Bereich drei Zentimeter von der Wand absteht und den Zimmerspinnen gute Rückzugsmöglichkeiten bietet. Oder wenn man mit der Menge des zu verwendenden Ansetzbinders für die Gipskartonplatten auch gleich alle Innenwände hätte verputzen können und der Materialaufwand die Kostenkalkulation weit übersteigt, weil eben doch noch vollständig die verwurmten Dielen inklusive Trägerkanthölzern ausgetauscht werden müssen.

Ein besonders schönes Schmuckstück war ein gut hundert Quadratmeter großes Haus in Nassenheide bei Oranienburg. Der Bungalow entsprach der typischen Bauweise der Achtzigerjahre mit drei Zimmern, Küche und Bad. Die beiden älteren Verkäufer hielten es allerdings mit der Sauberkeit nicht so genau, sodass mich mein erster Weg vor einer Besichtigung immer in das Badezimmer führte. Mich interessierte dabei nicht, dass es sich um eine ungefliste Dunkelkammer handelte. Mein einziger Blick galt dem WC – ob der Deckel geschlossen war. Das war wichtig, denn ein so dreckiges WC hatte ich vorher noch nie gesehen. Zudem rauchten beide Verkäufer Sticks der billigsten Sorte. Den Geruch, der im gesamten Haus herrschte, kann man nicht beschreiben, aber man trug ihn noch lange nach der Besichtigung mit sich herum. Da immer noch die erste Tapete die Wände zierte und in einigen Zimmern hübsche Styroporplatten an den Decken klebten, kann man sich gut vorstellen, wie alles aussah: von Quittegelb nach Kackbraun changierend. Normalerweise schickt man als Makler vor Verkauf mal kurz einige Handwerker durch, aber das wollten die Verkäufer nicht. Sie fanden alles völlig normal.

Nach etwa fünfzig Besichtigungen hatte ich das Handwerkerpaar gefunden, das sich hier seinen Traum erfüllte und in Nassenheide ein neues Zuhause fand. Aber ich habe bis heute das Bild vor Augen, wie die Käuferin zaghaft im Türrahmen des Badezimmers stand, zu ängstlich, um es zu betreten, und nur hauchte: „Oh Gott ..."

Die Katze im Sack –
Erwerb über Zwangsvollstreckung

Für den Kauf eines Objekts aus einer Zwangsvollstreckung interessieren sich viele, denn richtige Schnäppchen sind tatsächlich möglich. Außerdem spart man den Makler und die Notarkosten. Das Problem besteht aber darin, dass ein Interessent nur in Ausnahmefällen die Möglichkeit hat, das Objekt der Begierde vorher zu sehen. Es gibt im Internet die Kataloge der Amtsgerichte, über die die Vollstreckung durchgeführt wird, und es gibt Firmen, welche die Angebotslisten vertreiben.

Für ein paar Euro bekommt man vorab auch das Gutachten zu der zu vollstreckenden Immobilie. In den Gutachten, erstellt von staatlich vereidigten Gutachtern, steht aber leider nicht immer alles. Bei der Übernahme des Objekts erwarten einen manchmal so viele Überraschungen, dass man sich wünscht, einen Kauf *vor* der Zwangsvollstreckung gewählt zu haben.

Sophienstädt liegt im schönen Barnimer Landkreis. Hier hatte ich 2005 ein großes Anwesen im Angebot. Der Verkäufer hatte das 240 Quadratmeter große Haus bei einer Zwangsvollstreckung für seine Tochter erworben. Die Pläne der Tochter sahen aber ganz anders aus, als er es sich vorgestellt hatte, und da er selbst ein eigenes Haus besaß, wollte er die Immobilie nun wieder loswerden.

Das großzügig gestaltete Haus bestand im Erdgeschoss aus nur drei riesigen Räumen mit Kaminzimmer, einer sehr großen Küche und einer freizügigen Diele. Das kleinste Zimmer war der Hauswirtschaftsraum mit annähernd zwanzig Quadratmetern. Alle Decken im Erdgeschoss waren abgehängt; darin befanden sich die Kabelverteilungen für insgesamt 160 Spots sowie für Fernsehen, Internet und Telefon. Das Dumme war nur, dass der Vorbesitzer alle Spots demontiert hatte. Soviel Mühe sich der Ersteigerer nun auch gegeben hatte – die mühselig verspachtelten Löcher in den Gipskartonplatten waren trotzdem noch zu sehen. Auf meine Frage hin, warum denn nicht einfach neue Spots montiert worden waren, erzählte er, dass der Vorbesitzer auch noch den größten Teil der Kabel mit herausgerissen hatte. Die Enden der Kabel – es war ein beinahe oberschenkelstarkes Bündel – waren sorgfältig rund 60 Zentimeter vor dem Sicherungskasten abgeschnitten worden.

Der Vorbesitzer hatte sich wohl gedacht: Wenn ich hier nicht mehr wohnen kann, dann soll sich hier auch sonst niemand in meinem Haus wohlfühlen! Nach dieser Maxime hatte er denn auch das großzügige Bad im Erdgeschoss verwüstet: Der Whirlpool war nicht fachgerecht demontiert, sondern herausgerissen worden, ebenso wie Waschtisch und Dusche. Die Fliesen hatte man vorsorglich mit einem Hammer bearbeitet und alle Zuflüsse im Mauerwerk abgerissen. Der Verkäufer hatte es noch nicht geschafft, diesen Schaden zu beseitigen. Immerhin hatte er ein neues Wannenbad im Obergeschoss installieren lassen. So konnte ich dennoch einen Käufer finden. Der Verkäufer kam finanziell mit einem blauen Auge davon.

Es kann aber auch ganz anders kommen. In Fredersdorf im östlichen Speckgürtel von Berlin hatte ich ein schönes Einfamilienhaus in einer Wohnsiedlung zunächst im freihändigen Verkauf – also vor Zwangsvollstreckung. Für alle Interessierten sei hier vermerkt, dass ein regulärer Verkauf, der wesentlich mehr einbringen kann, auch noch eine Woche vor dem Vollstreckungstermin möglich ist. Deshalb rate ich jedem Schuldner, trotzdem noch einen Makler einzuschalten: Der kann mit dem Gläubiger Kontakt aufnehmen, gegebenenfalls mit ihm verhandeln und einen höheren Verkaufserlös erzielen, als bei einer Zwangsvollstreckung geboten würde. Das ist in der Regel aber nur möglich, wenn es nicht zu viele Nachranggläubiger gibt – Näheres dazu ist im Kapitel „Geschichten aus dem Grundbuch" beschrieben.

Für unser Fredersdorfer Einfamilienhaus lag ein Gutachten vor, in dem unter anderem zu lesen stand, dass die Heizung einen Frostschaden erlitten hat. In der Heizungstherme war eine Pumpe defekt, das Ausdehnungsgefäß war geplatzt und zwei Heizkörper im

Dachgeschoss waren zerfroren. Eigentlich nicht weiter schlimm, wird mancher meinen – aber das Haus wurde im Erdgeschoss über den Fußboden beheizt.

Den Wohnzimmerfußboden zierten sehr geschmackvolle Fliesen; die offene Küche mit hochwertigen, zum Teil freistehenden Einbauten passte wunderbar dazu. Wie sah es aber mit der Fußbodenheizung aus? Hatte diese auch durch den Frost Schaden erlitten? Davon stand nichts im Gutachten. Es stand dort auch nicht, ob die Frischwasserleitungen in Ordnung waren.

Das Haus war schon lange leergezogen und die Wasserbetriebe hatten den Anschluss im Keller gekappt. Einfach aufdrehen und hören, wo es zischt, war also unmöglich. Doch ich hatte den Schlüssel des Hauses, und so konnte mein Interessent die Leitungen im Fußboden und Frischwasserrohre einer Druckprüfung unterziehen. Mit freudigem Ergebnis: Sie hatten dem Frost standgehalten. Hätte der Frost sie ebenfalls beschädigt – na dann gute Nacht! Natürlich hätte man dann immer noch, statt den gesamten Fußboden aufzustemmen, um neue Heizkreise zu verlegen, einfach Heizkörper montieren und auf Putz verrohren können. Aber wer will das heute noch?

Frohen Mutes wollten wir zum Notar schreiten ..., wenn da nicht der im Grundbuch als Zweitranggläubiger eingetragene gemeinnützige Verein gewesen wäre. Er fühlte sich mit der Zahlung einer Lästigkeitsprämie durch den Erstranggläubiger untervorteilt und wollte nun plötzlich mehr Geld haben. Da weitere Verhandlungen nichts brachten, kam es doch zur Zwangsvollstreckung.

Allerdings wusste ich genau, was die Bank mindestens haben wollte. So gelang es, dass mein Interessent die Immobilie im Rahmen der Vollstreckung erwerben konnte – aber als einziger Bieter genau wusste, was ihn mit diesem Haus erwartete.

Wenn man sich das Gutachten einer zur Vollstreckung stehenden Immobilie ansieht, bemerkt man schnell, ob die Abteilung III des Grundbuches fehlt. Hier sind die Hypotheken- und Grundschulden eingetragen. Im Fall Fredersdorf stand im Grundbuch des erst wenige Jahre alten Hauses einen Belastung in Höhe von über 200.000 Euro. Das Gutachten wies einen Immobilienwert in Höhe von 165.000 Euro aus. Jeder, der nun zur Zwangsvollstreckung kommt, wird darauf hingewiesen, wie weit sein Gebot unter dem Immobilienwert liegen darf. Die meisten Gebote lagen dann auch bei nur 100.000 bis 120.000 Euro. Ich aber wusste, dass der Erstranggläubiger mindestens 150.000 Euro haben wollte – niedrigeren Angeboten hätte er auf Grund der hohen Belastung bei diesem ersten Termin nicht zugestimmt. Die anderen Teilnehmer hatten den teils weiten Weg also umsonst auf sich genommen.

Außerdem kommt es aber auch darauf an, wie alt das Gutachten ist.

Für einen zur Zwangsvollstreckung stehenden sehr großen Bauernhof mit Gaststätte bei Zehdenick wies das im späten Frühjahr erstellte Gutachten einen Wert von 170.000 Euro aus. Bis zur Zwangsvollstreckung vergingen aber noch elf Monate.

Die Frischwasserversorgung lief über einen Brunnen; da hier der Strom abgestellt war, waren wenigstens diese Leitungen gesichert. Die Heizungsleitungen waren noch vom Vorbesitzer abgelassen worden. In diesem Fall waren die Schäden rein menschlicher Natur: Fremde brachen in den leerstehenden Hof ein und klauten alles, was man zu Geld machen konnte. Und das waren eben die Kupferrohre der Heizungsleitungen, die Heizkörper selbst, zum Teil auch die Rohre unter den gefliesten Wänden und die Mischarmaturen aus schönstem Messing. Neuwertige Waschtische und Duschkabinen wurden ebenfalls einfach herausgerissen. Es entstand ein Schaden in Höhe von mindestens 150.000 Euro.

Eine Versicherung gab es nicht mehr – also fühlte sich niemand für den Schaden verantwortlich. Im Gutachten aber war immer noch etwas über die „einwandfrei funktionierende Haustechnik" zu lesen.

Fazit: Wer sich überlegt, ein Haus im Rahmen einer Zwangsvollstreckung zu erwerben, sollte sich auf keinen Fall nur auf das Gutachten verlassen. Ein freundliches Gespräch mit den Nachbarn zum Beispiel bringt oft genug ganz anderes zu Tage als das, was das Gutachten behauptet.

Verblichene Vorbesitzer –
gestorben wird überall

Manche Kunden fragen bei älteren Häusern schon mal nach, ob jemand darin gestorben sei. Nicht, weil vielleicht die Geister der Verstorbenen in der Nacht durchs Haus wandeln könnten – aber Unbehagen scheint der Gedanke schon zu bereiten. Deshalb bemüht man sich als Makler, das Thema zu umgehen. Ansonsten weist man darauf hin, dass bei älteren Baujahren durchaus Leute im Haus gestorben sein könnten ... die liegen dann aber auf dem Ortsfriedhof und sind nicht eingemauert oder auf dem Grundstück verscharrt. Ich hatte zu diesem Thema ein Erlebnis auf einem Bauernhof im Löwenberger Land.

Die gewisse Frage war bereits beantwortet und ich ging vor die Türe, wo eine der beiden Töchter des verstorbenen Vaters stand. Sie hatte die Frage zu diesem Thema mitgehört und vertraute mir an, dass die Interessenten sich doch mal den schiefen Deckenbalken im Wohnzimmer näher anschauen sollen. Auf meine Frage, warum denn, entgegnete sie, dass sich dort der Vater erhängt hatte. Ich verbat ihr sofort den Mund. Die Interessenten haben das Haus dann auch gekauft – und soweit ich weiß, wandelte der Geist des Vorbesitzers nicht um Mitternacht durchs Haus.

In einem Haus im Oranienburger Ortsteil Sachsenhausen hatte ich zur Besichtigung eine besonders interessante Familie. Das Haus war aus dem Jahre 1890 und komplett modernisiert. Der Familie, Eheleute mit fast erwachsener Tochter, gefielen das Haus und das große Grundstück sehr. Ich rieb mir schon die Hände nach etwa 33 Besichtigungen, aber dann kam die Frage, was sich hinter dem Grundstück befände. Da ein durchdringender Nieselregen eingesetzt hatte, hatten wir auf die Komplettbegehung des rund 2.800 Quadratmeter großen Grundstücks verzichtet. Ich antwortete fröhlich: „Na, der Sachsenhausener Friedhof – über den kann man den Weg zum Bus erheblich abkürzen!" Eisige Gesichter der Eheleute waren die Folge. Die beiden gehörten nämlich der Feng-Shui-Bewegung an. Sie erklärten mir nun kategorisch: Von einem Friedhof würde so viel negative Energie ausgehen, dass das Haus überhaupt nicht in Frage käme.

Doppelhaushälften – geteiltes Leid ...

Wenn Kaufinteressenten „Doppelhaushälfte" hören oder lesen, schalten sie gleich auf Durchzug. Nach heutigem Verständnis steht dieser Begriff vor allem für die direkte Nähe zum Nachbarn – und das noch nicht mal unbedingt für weniger Geld als ein einzeln stehendes Haus.

Betrachtet man sich aber die älteren Baujahre, sieht es schon wieder anders aus. Da gibt es durchaus auch Doppelhaushälften, die eine eigene Frontbreite von über zwanzig Metern haben, wo der Nachbar fast genauso weit entfernt ist wie der Nordpol und die auf über 3.000 Quadratmetern Grundstücksfläche stehen. Man sollte deshalb nicht gleich ablehnen, wie nachfolgend festgestellt werden kann.

Leegebruch ist eine Wohnsiedlung, die sich nach der Wende mächtig gemausert hat. Bei nur zwanzig Pkw-Minuten Entfernung von Berlin-Tegel entdecken viele schnell ihr Herz für die Lage. Mittlerweile gibt es zwei Kindergärten, eine Grundschule und drei Supermärkte. Durch den Zuzug der Berliner in die ehemalige Heinkel-Siedlung, welche für die Arbeiter der gleichnamigen Flugzeug-Werke errichtet worden war, ist die Gemeinde gut situiert. Zu einem großen Anteil besteht die Siedlung aus Reihen- oder Doppelhäusern, jedoch mit mindestens 550 Quadratmetern Grundstücksfläche. Die Arbeiter der Heinkel-Werke sollten die Möglichkeit haben, alles anbauen zu könne, was half, die Suppe zu dicken.

Diese Häuser haben im Allgemeinen die gleichen Wohnflächen, bestehend aus einem kleinen Flur, Wohnküche als Durchgangsraum zum Wohnzimmer, Treppenaufgang zum Dachgeschoss und der dazugehörigen Kammer unter der Treppe mit insgesamt vier Türen. Dann befand sich meist noch ein kleines Stallgebäude etwa fünf Meter vom Haus entfernt. Schon zu DDR-Zeiten wurden Haus und Nebengebäude oft mittels eines weiteren Durchgangszimmers miteinander verbunden, denn in dem Stallgebäude war die Toilette – oder genauer: das Plumpsklo – untergebracht, mit deren Inhalt man seine Anpflanzungen düngte. Schnell bemühte man sich, wenigstens ein einfaches WC und eine Dusche dort einzurichten. Nach der Wende aber war das natürlich nicht mehr gut genug und jeder, dessen Geldbörse es ermöglichte, baute entsprechend um. Durchgangszimmer war man gewohnt, also baute man so weiter.

Heute sehen die Häuser, aus der Luft betrachtet, durch die Anbauten aus wie ein L, an das sich ein spiegelverkehrtes L schmiegt. So haben die Bewohner im Gartenbereich oft nicht einmal mehr Sichtkontakt zum Grundstück des Nachbarn der anderen Haushälfte – ganz anders als bei den heutigen Doppelhäusern. Wollen sie mit dem Besitzer der anderen Haushälfte reden, geht das zum überwiegenden Teil nur von der Straße aus.

In einem besonderen Fall gelangte man über die ehemalige Küche, die zu einer großzügigen Diele umgestaltet worden war, in die im Anbau befindliche neue Küche, von dieser in das großzügige Bad mit Eckbadewannen und Dusche und von dem wiederum in das Schlafzimmer. Dem fassungslosen Kunden konnte ich erklären, dass, wenn er in der Nacht urinieren müsse, er den Flüssigkeitsverlust einen Raum weiter aus dem Kühlschrank wieder ausgleichen könne. Immerhin das Schlafzimmer verblieb bei dieser Variante ein privater Raum, war also kein Durchgangszimmer. Eine interessante Lösung, die in Leegebruch öfter zu finden ist.

In einem anderen Fall ging es um einen Neubauernhof in Gramzow bei Fürstenberg. Das gesamte Gebäude war etwa fünfzig Meter lang. Wie bei einem Neubauernhof üblich, befanden sich die jeweiligen Wohnungen in den Giebelseiten, danach kam der Stall. Nur gab es zwischen den Besitzerhälften hier keine Trennung. Hier klappte das Zusammenleben nur durch eine gegenseitige Übereinkunft: Keiner betrat die Fläche des anderen und der Stall wurde nur als Lagerfläche genutzt.

Wassergrundstücke –
was so alles Wasser ist

Wenn es denn richtige Wassergrundstücke sind, dann sind das tolle Objekte. Manchem Verkäufer genügt für diese Bezeichnung aber schon ein kleiner Teich oder ein Bach, der sich über das Grundstück schlängelt. Oder es gibt Uferwege und Straßen, die die jeweilige Gemeinde für die Öffentlichkeit bereithalten möchte. Dann gehört einem zwar das Grundstück bis zum Wasser, aber der öffentliche Weg führt trotzdem hindurch. Nach dem Frühstück mal schnell eine Runde schwimmen und dafür mit Anlauf ins Wasser rennen, geht leider nicht. Wie an jeder anderen Straße muss man auch hier stoppen, um schön artig nach links und rechts zu schauen, damit man nicht mit einem Fahrradfahrer oder Fußgänger kollidiert.

Die Verkäufer solcher Wassergrundstücke sind oftmals so von ihrem Besitz überzeugt, dass sie nicht merken, wie weit sie sich von der Realität entfernt haben. Es macht dann auch nichts, wenn man das Wasser erst unter einem sehr dichten und verschlammten Schilfgürtel ausgraben muss, Hauptsache: Wasserzugang.

Ich habe schon so manches Grundstück abgelehnt, weil ich es meinen Kunden und mir bei den überhöhten Preisvorstellungen nicht zumuten wollte.

Mitunter hatte ich aber auch sehr schöne Wasser-grundstücke im Angebot an den zahlreichen ehemaligen Kiesstichen des Oberhavelkreises. Da war es tatsächlich so, wie man es sich vorstellt: Es störte kein Weg, der eigene Steg konnte von keinem anderen benutzt werden und das fischreiche Wasser war klar.

Natürlich gibt es auch hier Fallstricke, auf die man nicht ohne weiteres kommt. Manch cleverer Geschäftsmann hat einfach den einen oder anderen See gekauft. Wenn die Anwohner nun das vor dem Grundstück liegende Wasser nutzen wollen, müssen sie dafür bezahlen. Dafür ist es nicht einmal erforderlich, den gesamten See zu erwerben – ein drei bis fünf Meter breiter Wasserstreifen genügt vollständig. So weit kann niemand springen. Deshalb sollte man bei der Beschreibung in einem Exposé genau darauf achten, ob es sich tatsächlich um ein reines Wassergrundstück handelt oder ob es „am Wasser" liegt.

Algen, so weit das Auge blicken kann

Mit seiner Anbindung an die Bundeswasserssstraße bietet der große Wentowsee Bootsbesitzern zahlreiche Möglichkeiten. Wie wunderbar, hier ein Haus zu haben! Wenn aber der glückliche frischgebackene Besitzer an dem gekauften Grundstück wegen der vielen Auflagen sein Boot doch nicht anlegen kann, trübt sich das Glück so schnell wie der See im Sommer.

Denn der Wentowsee ist zwar beschiffbar, kippt aufgrund seiner geringen Wassertiefe bei warmem Wetter aber regelmäßig um. Das bedeutet: Er veralgt teilweise schon ab Mai so stark, dass die sichtbare Wassertiefe nur wenige Zentimeter beträgt. Also kann ich mein Boot nicht anlegen, und baden wird zu einer eher ekligen Angelegenheit. Weshalb sollte da jemand einen Wochenendbungalow mit rund 40 Quadratmetern Wohnfläche auf Eigentumsland (kein Bauland – eine Baugenehmigung für ein größeres Haus wird also nicht erteilt) für über 150.000 Euro kaufen wollen? Weil es ein Wassergrundstück ist?

Ein Angebot in Hammer bei Löwenberg war auch nicht schlecht. Sicher waren die baulichen Anlagen in sehr luxuriösem Zustand, aber der See hat weder Zu- noch Abfluss. Er eignete sich bestenfalls zum Angeln und dafür, von der Mitte des Sees aus brüllen zu können: „Mutti, kannst die Kartoffeln aufsetzen, wir kommen jetzt zurück!" Die Verkäuferin teilte mir mit, sie habe bereits einen Käufer für den Kaufpreis von 450.000 Euro, aber ihr wären 480.000 Euro eigentlich lieber. Ich riet ihr, sofort zuzuschlagen, denn ein besseres Angebot würde sie in dieser Einöde nicht erhalten. Die Verkäuferin hatte es weiter versucht, wie mir zahlreiche Maklerkollegen berichteten. Ob mit Erfolg, weiß ich nicht.

Am Röblinsee in Fürstenberg konnte ich einen schicken Villenbau anbieten. Es war ein reines Wassergrundstück mit der Möglichkeit, auch ein Boot anzulegen. Das an der Straßenfront etwa 17 Meter breite Grundstück wurde wie ein Keil bis zum Wasser immer schmaler, sodass man zum Ende hin das Gefühl nicht loswurde, sich in einer Kleingartenanlage zu befinden – die Nachbarn links und rechts rückten immer näher. Unten am Wasser waren von der Breite dann noch ca. 4,50 Meter übrig. Ich habe es dennoch verkaufen können, weil der Käufer eben auf Boote stand, und da spielte das keine Rolle.

Im schönen Lindow hatte ich ein Wassergrundstück zum Verkauf. Der Verkäufer hatte sich in der Wahl der Freundin etwas vertan und wollte in dem ehemaligen Siedlerheim allein nicht mehr bleiben. Seine Investitionen in das Objekt hatten ausgesprochen vorzeigbare Ergebnisse erbracht: Der rund 200 Quadratmeter große ehemalige Schankraum war nun ein Wohnzimmer, unter anderem mit genügend Platz für einen Billardtisch (siehe auch im Kapitel „Ablehnung"), aber auch für eine kleine Schankanlage – schließlich eignete sich der große Raum hervorragend für schöne Feste. Der Clou war ein eigenes Hafenbecken auf dem annähernd 2.400 Quadratmeter großen Grundstück.

Das Land lag an einem Kanal, der das etwa 500 Quadratmeter große Hafenbecken mit ausreichend Wasser und auch Schlamm versorgte. Letzterer musste dann zweijährlich mit erheblichem Kostenaufwand ausgebaggert werden. Aber wer kann schon von sich behaupten, einen eigenen Hafen zu besitzen! Nachdem das Segelboot verkauft war und die umliegenden Wochenendgrundstücksbesitzer nicht die notwendige Abwechslung boten, entschied sich der Eigentümer, das Anwesen zu verkaufen. Wider Erwarten kaufte das Grundstück kein Bootsbesitzer, sondern ein Interessent aus dem schönen Thüringen, der sich lieber in der Luft aufhielt als am Wasser. Er konnte seine Flugleidenschaft im nahen Fehrbellin ausleben, wo es einen Flugplatz für Sportflugzeuge gibt. Von dort durfte ich ihn übrigens auch für die erste Besichtigung abholen. Soweit ich weiß, hat er aber inzwischen doch seine Angelleidenschaft und Freude am Bootsfahren entdeckt.

Bauernhöfe –
Wohnen mit Ochs und Esel

Bauernhöfe sind gesuchte Objekte. Am liebsten in Alleinlage mit gaaaanz viel Land drumherum. Leider sind solche Objekte sehr rar, doch wenn man so etwas ganz und gar nicht findet, dann gibt man sich auch mit weniger zufrieden. In den Brandenburger Straßendörfern liegen die etwas kleineren Höfe schließlich reihenweise dicht nebeneinander. An der Straße das Wohnhaus, zum Teil als Doppelhaushälfte, dahinter mit einem Abstand von etwa zehn Metern die Scheune. Wenn das Grundstück etwas größer ist, dann zumindest auf einer Seite in Randbebauung ein Stall. Hinter der Scheune gibt es dann noch ein Stück Feld oder Wiese. Das entspricht leider nicht so ganz den Vorstellungen der Stadtbewohner, wie ein Bauernhof auszusehen hat.

Auch die Nutzung der Kleinbauernhöfe hat sich im Laufe der Zeit oftmals geändert – entgegen allen Klischees, die die Städter so pflegen. Auf einem richtigen Bauernhof haben die Ställe voller Vieh zu sein, es gibt Karnickelverschläge, hinter dem Grundstück wachsen Obstbäume und Beerensträucher. Neben den Kartoffeln gedeihen Möhren, Bohnen, Salat und Kohl. Der Arbeitstag des Besitzers beginnt frühmorgens, wenn der Hahn auf dem Misthaufen im Hof kräht, weil die Sonne aufgeht, und endet bei Sonnenuntergang noch lange nicht, denn das Abgeerntete muss verarbeitet und eingeweckt werden. Schufterei den gesamten Tag – denn das Vieh braucht Nahrung, und wenn die eigenen Felder zu klein oder nicht vorhanden sind, dann von woanders her. Nebenbei gibt es eine Futterküche, in der Zusatzfutter zubereitet wird. Aber das kennt man ja alles, zumindest aus den Medien. Kurz: Einen Bauernhof zu betreiben ist kein Hobby für den Feierabend.

Das neue Hobby: Mist fahren

In regelmäßigen Abständen melden sich dennoch Interessenten, die eigentlich keine rechte Ahnung haben, wie man einen Bauernhof führt. Aber es gibt ja Bücher oder das Internet, wo man sich schlau machen kann, und so ein Hof lässt sich ja auch in abgespeckter Variante betreiben. Viele möchten gern Biogemüse oder Obst anbauen und es in einem extra eingerichteten Hofladen verkaufen. Wer als Städter eine Fahrt auf das Land macht, findet zu Zeiten der Ernte in den Dörfern Brandenburgs vor jedem zweiten Haus Tisch und Stuhl, wo die landwirtschaftlichen Produkte wie Eier, Obst und Gemüse angeboten werden. Aber warum sollte ein Städter zum Beispiel Äpfel kaufen, wenn man diese kostenlos an den Landstraßen einsammeln kann?

Wozu also dann einen Bioladen errichten? Am Ende läuft es nämlich meist so: Wenn man nicht genug verkauft, mit Ausnahme der Eier, landet die Ernte auf dem Kompost. Und die Viehhaltung ist neben einem Job, der das Geld bringt, nicht zu schaffen. Wozu dann also einen Bauernhof? Hühner, Enten und Karnickel benötigen nicht viel Platz – ein ganz normales Haus mit einem größeren Grundstück hätte genauso gereicht, wie viele Käufer von Bauernhöfen letztendlich feststellen müssen. Dazu kommt bei der Haltung von Tieren, dass man sie nicht so ohne Weiteres abgeben kann, wenn der Jahresurlaub ansteht. Pferd und Hund lassen sich in einer Pension unterbringen oder beim Nachbarn, wenn dieser selbst Tiere besitzt und Platz dafür hat. Aber wer kümmert sich um das Kleinvieh? Plötzlich stellen die stolzen Bauernhofbesitzer dann fest, dass ihnen Lebensqualität genommen wird, sie die Sklaven ihres Hofes sind und für das erträumte Klischee zu viel Zeit und Geld investiert haben.

Das soll nur verdeutlichen, dass Suchende sich ganz klarmachen müssen: Einen Bauernhof zu betreiben bedeutet gekaufte Arbeit – und die sollte man vom Hobby unterscheiden.

In Klevesche Häuser, Löwenberger Land, hatte ich eine sehr abgespeckte Variante eines Hofes im Angebot. Es war ein rund 4.000 Quadratmeter großes Grundstück, gestaltet zu einer herrlich gepflegten Anlage zum Springreiten. Der Hof bestand letztendlich nur aus einem großen Stallgebäude, in das man im

Giebelbereich eine Wohnung hätte einbauen können. Ich war der Annahme, dass mir die Pferdebesitzer die Bude einrennen würden. Schnell trat Ernüchterung ein: Es meldeten sich ausnahmslos Hundezüchter. Leider stand das Stallgebäude auf dem vorderen Teil des Grundstücks und damit zu dicht an den Nachbarn links und rechts. Mir hatte ein Dackelzuchtbesitzer dankend mitgeteilt: Wenn auf der Nase eines Dackels eine Fliege sitzt, fängt er an zu bellen, und die anderen machen mit. Für Hundezüchter in großem Maßstab kam das Objekt daher nicht in Frage.

In diesem Fall war mir kein Glück beschieden. Die Pferdeleute wollten nicht, die Hundeleute konnten nicht – letztlich wurde das Objekt an die Tochter des Besitzers vermietet, die dort nun wieder Pferde hält. Die riechen wenigstens nur und bellen nicht.

Die Fassade –
der schöne Schein

Das so genannte „Fassadendenken" ist ja allseits bekannt. Außen hui – und innen? Wir wollen etwas darstellen, nur der Leute wegen. Als ich vor meiner Maklertätigkeit noch Baufinanzierung im Neuhausvertrieb betrieb, saß einmal ein junges Pärchen vor mir, das unbedingt eine Säulenüberdachung über dem Eingang haben wollte, „weil das doch so edel aussieht". Die Finanzierung war eigentlich schon ausgereizt und ich gab zu bedenken, dass diese Baumaßnahme den Rahmen sprengen würde. Ich fragte die beiden, wozu das Ganze denn gut sein solle, denn der Bungalow hatte einen Dachüberstand von knapp einem Meter, sodass man beim Aufschließen der Haustüre auch bei heftigstem Regen garantiert nicht nass würde. Außerdem würden die Kunden selbst die schicke Überdachung nur einmal am Tage sehen – nämlich dann, wenn sie von der Arbeit nach Hause kamen.

Da die beiden das Haus unbedingt haben wollten, verzichteten sie letztendlich, traurig seufzend, auf die teure Außengestaltung. Bei diesen Kunden konnte man immerhin davon ausgehen, dass es später im Haus genauso edel ausgesehen hätte wie außen. Bei gebrauchten älteren Häusern ist das aber oft ganz anderes, wie ich immer wieder feststellen konnte. „Was außen schick ist, muss innen glänzen" stimmt nicht immer.

2006 stand ein Haus in Schmachtenhagen bei Oranienburg zum Verkauf. Weiße Fassade, blaues Tonziegeldach. Auf dem ersten Blick ein wahres Traumhaus für unter 100.000 Euro. Ich konnte es schon nicht mehr hören, denn bei jedem zweiten Anruf ging um dieses Haus, und ebenso zahlreich waren auch die Besichtigungen, bei denen Ernüchterung eintrat.

Vier verschiedene Sorten Fenster von „alt" bis „älter"; die Fassade mit Innenweiß getuscht und an vielen Ecken ausgewaschen. Die Räume allesamt Durchgangszimmer, wie in den Dreißigerjahren üblich, denn wozu ein unnützer Flur. Die Küche ähnelte durch den Anbau einer Veranda einer dunklen Gruft; das Bad aus den Siebzigern besaß eine wunderschöne abwaschbare Tapete aus der gleichen Zeit und war – natürlich – ein Durchgangsraum. Unter der Veranda lag die einzige Unterkellerung, in der sich die Ölheizung mitsamt den Tanks befand. So wusste man am Eingang gleich, wie Heizen riecht. Um das Bild abzurunden, liefen noch zwei große Promenadenmischungen durch das Haus, zusammen mit unkastrierten Katern – was zusammen mit dem Öl ein ganz zauberhaftes Aroma schuf.

Wahre Schönheit kommt von innen

Am Anfang meiner Maklertätigkeit passierte es noch oft, dass ich auf dem Weg zu einer Neuaufnahme lieber am angebotenen Haus vorbeigefahren wäre. Unansehnliche, schmutzige Fassade, uralte Holz-Verbundfenster, die nach dem Einbau nie wieder Farbe gesehen hatten, einfache Holzeingangstür, keine Pflasterung, und und und. Ja, auch ich war „Fassadendenker" und bat im Stillen, dass ich mich in der Hausnummer geirrt hätte. Die Innenbesichtigung sollte mich dann eines Besseren belehren.

Nach dem knarrenden Öffnen der Haustüre war es wie im Märchenland mit Marmorfußböden, intelligenter Lichttechnik, ausgeklügelten Ideen für die Zimmeraufteilung, die Küchen- und Badezimmereinrichtung und die Wände. Für Leute aus den alten Bundesländern sei hier erwähnt: Nach der Wende gab es für die Hausbesitzer in den neuen Bundesländern endlich das Baumaterial, von dem sie immer geträumt hatten. Jeder erneuerte das, was er für am Wichtigsten hielt. Das war zumeist die Heizung. Man hatte die Schnauze gestrichen voll von der Kohlenschlepperei für den ewig hungrigen Schwerkraftheizungskessel. Je nach Ecke kam zuerst die Öl- oder Flüssiggasheizung und, wenn man den Anschluss hatte, auch Erdgas. Auch die Bäder wurden häufig saniert, oft die Fenster erneuert, die Rohrleitungen für Wasser, manchmal auch die für die Heizung sowie die Dächer – alles mit dem Wunsch, dann erst einmal Ruhe zu haben.

In den alten Bundesländern dagegen erlebt man das manchmal umgekehrt. Hatte man doch alles, was das Herz begehrt, so musste man nichts weiter tun. Es wird oft gespart, nur fragt man sich, ob an der richtigen Stelle. Da kann es durchaus passieren, dass die

Fassade toll aussieht, innen aber bekommt man den Schock seines Lebens: angefangen bei Fenstern, die selbst in geschlossenem Zustand für mehr als ausreichende Frischluftzufuhr sorgen, über Bleirohre in den Wänden (wenn das Haus um 1900 erbaut wurde, auch Stahl-Heizungsleitungen), kleine gelbe Kacheln im Bad, Armaturen, für die es heute garantiert keine Ersatzteile mehr gibt, grau gewordene Waschbecken und vergilbte Badewannen bis hin zu Zimmern mit nur einer einzigen Steckdose. Abgetretenes Parkett mit Rissen und breiten Fugen. Warum etwas ändern, wenn es die ganzen Jahre auch so ging? Und der Preis – na ja, der liegt eben hier so in der Ecke.

Fazit: Man sollte sich von unschönen, aber auch von schönen Außenansichten nicht blenden lassen. Besser von innen anschauen und dann weitersehen, ob der Bauch „Ja" sagt und ob es der Geldbeutel hergibt.

Mängel –
mein Name ist Hase,
ich wusste das nicht

Ich weise meine Verkäufer immer darauf hin, alles offen anzugeben, was sie über ihr Haus und seine Mängel wissen. Es spielt dabei keine Rolle, zu welchem Preis das Haus angeboten wird und wie alt es ist. Manche Verkäufer verschweigen aber mir sowie dem Käufer einiges und hoffen, nicht entlarvt zu werden.

In einem Haus in Oranienburg stellte ich bei der Aufnahme fest, dass der Ursprung einer einzelnen feuchten Wand im Keller wohl bei der Regenentwässerung an der Terrasse zu suchen war. Das Regenablaufrohr war wie überall an der Hauswand befestigt, aber verlief als Ekazellrohr (das ist ein leichtes, dünnwandiges PVC-Rohr) weiter unter einer massiven, schön gefliesten Terrasse bis in den Garten. Ich ging damals davon aus, dass jenes PVC-Rohr geplatzt war und dann die Kellerwand durchfeuchtete.

Der Aufwand, den Schaden vor Verkauf zu beseitigen, war zu groß, und ich schätzte die Kosten für den Austausch des Rohres mit dem teilweisen Aufbrechen der Terrasse auf etwa 5.000 Euro. Ein einfaches Umlegen des Regenrohres war an der Stelle nicht möglich.

Da die älteren Leute sich das nicht leisten konnten, riet ich ihnen, den Kaufinteressenten dies mitzuteilen, den Preis in Höhe des geschätzten Aufwands nachzulassen und diesen Mangel in den Kaufvertrag mit aufzunehmen, um später Mängelansprüchen aus dem Wege zu gehen. Wie das Leben manchmal so spielt, verkauften die Leute das Haus an jemanden aus der Nachbarschaft, der auch bereit war, sämtliches Mobiliar mit zu übernehmen. Leider verkauften sie nicht über mich – und vergaßen auch meine Empfehlungen. Nach einem halben Jahr rief mich die Verkäuferin an, um mir zu sagen, dass der Käufer den auf dem Notaranderkonto liegenden Kaufpreis gesperrt hatte aufgrund verschwiegener Mängel. Der Hauptmangel war, wie von mir vermutet, das Regenrohr. Sie fragte mich, was sie denn nun machen solle. Ich erinnerte die Frau nicht ohne gewisse Ironie an meine Tipps und empfahl, ein Gegengutachten erstellen zu lassen, da der vom Käufer geforderte Preisnachlass von über 17.000 Euro auch mir zu hoch erschien. Nach zähem Rechtsstreit einigten sich die Parteien dann schließlich auf 10.000 Euro. Es hätte aber auch anders kommen können.

Einen anderen, sehr netten Fall gab es in Gransee. Der Verkäufer hatte mir nicht ohne Grund verschwiegen, dass es einen dritten Keller gab. Dieser war mit ca. 200 Kubikmetern Müll aufgefüllt und das einzige Fenster sowie die Tür einfach zugemauert worden. Um dem noch die Krone aufzusetzen, fanden die

Käufer bei Anlegen des Gartens in Spatenstichtiefe in dicke Folie eingelagerte Rinderhälften. Der Geruch nach Freilegung des Areals in einer Größenordnung von etwa 100 Quadratmetern an diesem schönen Sommertag dürfte alle Nachbarn in Verzückung gebracht haben. Die Folie hatte die Kadaver am natürlichen Zersetzungsprozess gehindert, und so verbreiteten sie nach Offenlegung nicht eben frische Landluft. Es stellte sich dann bei einer Gerichtsverhandlung mit dem direkten Nachbarn als Zeugen heraus, dass der Vorbesitzer sich gegen gutes Bares dazu verpflichtet hatte – weil eine Tierkadaverentsorgung ja Geld kostet –, die neun halben Rinder im Garten zu vergraben. Es wurde nun richtig teuer für ihn.

Ganz schön gerissen

Laut notariellem Kaufvertrag haftet der Verkäufer für ihm bekannte, arglistig verschwiegene Mängel. Gibt er an, nichts gewusst zu haben, wird es schwierig. Lässt sich allerdings nachweisen, dass er unfachliche bauliche Veränderungen selbst vorgenommen hat oder gar das Haus als Erwachsener von seinen Eltern übernahm, lässt sich das Argument des Unwissens nur schwerlich halten.

In einem Fall hatte mir der Eigentümer versichert, dass sein Haus komplett massiv sei. Man konnte rein äußerlich auch nichts anderes erkennen.

Die Erwerber machten sich nach Einzug sofort daran, die Räume nach ihrem Geschmack umzugestalten. Dazu wollte die Frau von der Küche zum Wohnzimmer einen Durchbruch, denn die offenen amerikanischen Küchen waren damals gerade in Mode. Nach vorsichtiger Demontage der Verkleidungen kam Fachwerk zum Vorschein. An sich noch keine schlimme Entdeckung – es kann ja passieren, dass die Ständerbauweise nur an dieser Stelle verwendet wurde.

Nach dem Blick eines Gutachters auf diese und andere Stellen im und am Haus stellte sich heraus, dass es sich in der Gesamtheit um Fachwerk handelte, das zu allem Überfluss stark angegriffen war, sodass statische Probleme entstanden waren. Dem Verkäufer konnte nachgewiesen werden, dass er diese Probleme gekannt haben musste und auf geschickte Weise durch die Verkleidungen vertuscht hatte. Dies verringerte seinen Verkaufserlös erheblich.

Bei diesem Thema sollte aber auch darauf hingewiesen werden, dass es bei einem Notverkauf weitaus schwieriger ist, im Falle von Mängeln den Verkäufer zur Kasse zu bitten. Meistens gehen die Verkäufer mit dem bekannten plus/minus null aus dem Verkauf und haben kein Geld mehr, um die Beseitigung von verschwiegenen Mängeln zu bezahlen.

Gekauft wie gesehen –
in Größe, Güte und Beschaffenheit

Wenn der Makler nicht exakt darauf hingewiesen hat, was alles im Hause und auf dem Grundstück zu verbleiben hat, oder der Verkäufer nicht richtig hinhörte, passieren die merkwürdigsten Dinge.

2005 hatte ich ein Reihenhaus in Leegebruch mit großem Grundstück zum Verkauf. Auf dem Grundstück befand sich ein eineinhalb Meter tiefer Swimmingpool in Form einer großen Null.

Der Verkäufer hatte offenbar überhört, dass dieser Pool zum Objekt dazugehörte, und fing eifrig an, ihn abzubauen, um ihn weiterzuverkaufen. Die Käufer riefen mich entsetzt an. Ich kontaktierte den Verkäufer und fragte, ob er denn bereit wäre, nach der Demontage des alten Pools die Kosten für einen neuen zu übernehmen. Natürlich war dies nicht der Fall – das wäre schließlich viel teurer geworden. So ließ er von seinem Vorhaben ab. Im Kaufvertrag sollte deshalb auch immer festgehalten werden, was zum Kaufgrundstück gehört. Wenn da, wie in diesem Fall, steht: „das Grundstück ist bebaut mit einem Einfamilienhaus mit ... Quadratmetern Grundstück, einem Pool und Garage", dann gehört eben alles hier Notierte beim Kauf zum erworbenen Haus. Fehlt bei der Schlüsselübergabe etwas, kann es dem Verkäufer in Rechnung gestellt werden – und wir reden nicht nur über den Material-wert, sondern auch über die Montage. Ich habe hier schon die tollsten Dinge erlebt.

Ganz früher wurden die Waschbecken über Hängelaschen aufgehängt, heute sind sie fest ange-schraubt. Der Verkäufer eines Hauses war der Mei-nung, dass ein Waschbecken nicht unbedingt zum Haus gehört und wollte es mitnehmen. Statt das Waschbecken auszuhängen, wurde es aus Unkenntnis einfach inklusive der umliegenden Fliesen herausge-brochen. Nun wurde es teuer für ihn, denn nun muss-ten ein neues Waschbecken und neue Fliesen auf seine Kosten montiert werden.

Bestimmte Dinge sind einfach festgelegt: So gehö-ren zum Haus Waschtisch, WC, Dusche, Badewanne und Grundöfen (also Kachelöfen). Bei Einbauküchen scheiden sich die Geister. Normalerweise, da passge-recht eingebaut, gehören sie dazu. Was die Elektroge-räte angeht, gibt es Unterschiede: Sind diese nur ein-geschoben und nicht verblendet, sind sie nicht Best-andteil der Einbauküche; bei einer Verblendung mit dem umliegenden Dekor hingegen schon. Deshalb soll-te beim Kaufvertrag auch hier genau darauf geachtet werden, alles schriftlich festzuhalten. Auch ein Kamin ist in der Regel nur ein Beistellofen – und es kann vorkommen, dass er bei der Schlüsselübergabe einfach nicht mehr da ist.

Überraschungen für den Käufer sind aber bei fast jeder Konstellation garantiert. Bauschutt, Moniereisen, hinter einem Schuppen gelagerte, in Scheiben geschnittene alte Eternitrohre, geplant für eine dann „toll" aussehende Wegbegrenzung, verrostete Fässer mit merkwürdigem Inhalt und Fliesenbruch können zum Vorschein kommen. Wer nicht gleich etwas nur halb Vergrabenes findet, sollte an den Spruch „lass Gras drüber wachsen" denken. Spätestens beim Ausheben von Erde für Pool, Teich, Fundament etc. wird man fündig. In den neuen Bundesländern gab es zwar eine Abfallentsorgung, die nahm aber kaum Sperrmüll mit. So wurde eben alles, was man nicht mehr brauchte, vergraben. Das reicht von alten Heizkörpern und Autotüren über Bauschutt bis zu Möbeln. Spätestens, wenn der Spaten im Erdreich Funken schlägt, wird jeder Neu-Althausbesitzer zum Archäologen. Nur Schätze sind leider nie dabei.

Verkaufsgründe –
Scheiden tut weh

Es gibt viele Gründe, sich von einem Haus zu trennen. Die Scheidung, der Tod der Eltern oder Altersgründe. Alles im Leben hat seine Zeit, auch das Leben im eigenen Haus. Irgendwann kommt der Zeitpunkt, wo man feststellen muss: Ich schaffe es nicht mehr. Das Haus war für die Kinder mit geplant und ist deshalb nun zu groß, die erwachsenen Kinder wollen nicht immer unbedingt bei den „Alten" hocken und ziehen weg, auch der Arbeit wegen. Das Grundstück ist weitläufig und schwer zu pflegen. Nun wird schweren Herzens die Entscheidung getroffen, die Kinder reden einem zu, schließlich kommt das Geld aus dem Erlös irgendwann auch ihnen zugute. Die Eltern ziehen den Kindern und Enkeln hinterher, um in deren Nähe zu sein. Und das Haus muss weg.

Im nachfolgenden Fall handelte es sich um Zweifamilienhaus in Zehlendorf nahe Oranienburg. Die Eigentümer erklärten mir, dass der Sohn, der praktisch kostenfrei das Dachgeschoss mit Frau und Tochter bewohnte, nun ein Haus in Leegebruch bauen wollte. Seine Eltern hatten bis dahin alles getan, was der Sohn sich gewünschte hatte, von der kompletten Sanierung seiner Wohnung, der Einrichtung einer separaten Gartenanlage mit Pool bis zur Installation einer elektrischen Toreinfahrt, damit er nicht extra aus dem Auto aussteigen musste und bei Regen eventuell nass wurde.

Die Verkäufer waren über das egozentrische Verhalten ihres Sohnes sehr erbost, weil er ihnen die Entscheidung zum Neubau einfach ohne Vorankündigung vor die Füße geworfen hatte. Garniert mit verbalen Entgleisungen wie „die haben uns vor den Koffer geschi..." erläuterten sie mir ihren Racheplan. Der undankbare Sohn sollte sein Fett wegbekommen. Da er genauso vor vollendete Tatsachen gestellt werden sollte, musste alles bis zum Verkauf geheim abgewickelt werden. Es wurde vereinbart, dass jegliche Besichtigung unter anderen Begründungen stattfinden würde, und auch der sich oft bei den Großeltern aufhaltenden Enkeltochter würde man eine Mär auftischen. Das bedeutete natürlich auch, dass Besichtigungen nur tagsüber unter der Woche möglich waren, denn am Wochenende waren ja die Kinder zuhause. Aber die arbeitenden Interessenten hatten ja nur am Wochenende Zeit oder abends, wenn ebenfalls der Sohn im Haus war ...

Ich habe es trotz der widrigen Umstände meistern können, mehrere Besichtigungen durchzuführen und einen Käufer zu finden. Als wir zur Beurkundung beim Notar saßen, wurde dieser von den Verkäufern angewiesen, den versiegelten Kaufvertrag erst nach Ablauf von zehn Tagen abzusenden, um sicherzugehen, dass der Sohn keine Kenntnis vom Verkauf erlangte. Gleich nach der Beurkundung gönnten sich die Verkäufer nämlich einen Türkeiurlaub.

Nach zwei Monaten schließlich fand die Schlüsselübergabe statt. Als ich die Verkäufer befragte, wie der Sohn denn nun alles aufgenommen habe, antworteten sie, es sei ein wahres Fest gewesen, denn das Söhnchen hätte völlig fassungslos reagiert. Möglicherweise hatte er insgeheim gehofft, das Haus der Eltern irgendwann selbst verkaufen zu können, um mit dem Erlös das eigene abzubezahlen. Dieser Zahn war ihm nun – zum großen Vergnügen der Eltern – gezogen worden.

In Hohenbruch bei Kremmen lag der Fall zwar nicht ganz so schlimm, aber für die Besitzer trotzdem unangenehm. Die Eigentümer hatten das Haus für sich und die zwei Kinder gebaut. Der Sohn war behindert und saß im Rollstuhl. Dafür hatte man im gesamten Erdgeschoss alle Türen angepasst und das Schlafzimmer zu einem sehr komfortablen, behindertengerechten Badezimmer umgebaut. Für die Tochter wurden im Dachgeschoss zwei Zimmer inklusive hochwertigem Wannenbad eingerichtet. Das Haus besaß insgesamt fünf Zimmer mit einer Gesamtwohnfläche von über 140 Quadratmetern.

Als Erstes zog die Tochter nach Berlin zurück, weil es ihr auf dem Lande zu langweilig war; der behinderte Sohn folgte etwa ein Jahr später. So kann es einem gehen, wenn man für die Kinder mit plant, ohne deren Pläne zu kennen.

Dem einen sein Uhl ist dem andern sein Nachtigall

Ein für alle Beteiligten überaus leidiges Thema sind Trennungsverkäufe. Nur der Makler freut sich natürlich, denn solche Trennungen bringen ihm Arbeit. Mitunter ist das Ganze auch für den Käufer nicht uninteressant, denn teilweise sind richtige Schnäppchen zu haben. Allerdings ist hier auch viel Psychologie gefragt, schließlich ist jeder der beiden Kontrahenten ein Engel – schuld ist immer nur der andere. Vom Rosenkrieg bis zur gütlichen Trennung war für mich schon alles dabei.

Ziel ist es immer, beide Parteien an den Notartisch zu bekommen, ob mit oder ohne Anwalt. Wenn die Juristen dabei sind, läuft das wie folgt:

In Berlin ist der Notar gleichzeitig auch Anwalt; in Brandenburg darf er nur eine Funktion ausüben, ist also Notar *oder* Anwalt. Da der Großteil meiner Käufer aus Berlin kommt, wurde auch ein Notar von hier gewählt. Bei einem Trennungsverkauf brachte die Frau ihre Anwältin mit, der Mann seinen Anwalt und der Käufer für alle Fälle auch einen Juristen. Damit saßen am Notartisch inklusive Notar vier Anwälte – nur waren sich die drei mitgebrachten nicht einig bezüglich des Verkaufs. Es war also jedes Mal ein tolles Miteinander. Dabei kann dem Notar schon einmal das Beurkunden vergehen, denn jeder der Juristen muss natürlich seinen Psalm aufsagen – wozu wäre er denn sonst hierher beordert worden?

Ab und zu passiert es dann, wenn man gut gearbeitet hat, dass die einstigen Käufer zu Verkäufern werden – nämlich dann, wenn es mit der Partnerschaft nicht mehr funktioniert. Man sieht die fröhlichen Gesichter beim ersten notariellen Termin und spürt x Jahre später die eisige Kälte beim Verkauf. Was ist vorgefallen? Die Gründe sind zahlreich – und sie können schon in der Bauphase alles zunichte machen. Ich hatte Fälle, wo man hoffnungsfroh ein Haus neu baute, und noch bevor der ausgesäte Rasen zu keimen begann, war schon Schluss mit der Beziehung. Das war sogar gar nicht unüblich früher. Denn während ein heutiger Bauherr in der Regel bauen lässt, musste er zu DDR-Zeiten vieles selbst machen, ging also tagsüber arbeiten und danach auf die Baustelle. Dann kam er spät am Abend nach Hause, aß noch etwas und fiel ins Bett. Der Ehefrau war das nicht genug Zweisamkeit und ihr war langweilig. Als der Bauherr von damals also mit dem Haus fertig war, stellte ihm die Ehefrau die Koffer vor die Türe, denn der nette Nachbar von nebenan hatte ihr zwischenzeitlich die Langeweile vertrieben.

Teure Trennungen

Heute lässt man, wie erwähnt, meist bauen; da muss doch der Wurm schon vorher im Gebälk gewesen sein. Wie das eine zum anderen führen kann, darauf muss ich nicht näher eingehen – das kennt jeder Leser. Wenn aber ein eigenes Haus involviert ist, kommt es schnell zum Drama. Eine Mietwohnung kündigt sich leicht, aber ein Hausverkauf ist kompliziert. Wie viel Geld ist beispielsweise noch an die Bank zu zahlen und wer kommt dafür auf? Als Makler kann man zwar noch mit der Bank zwecks einer Zins- und Tilgungsaussetzung bis zum Verkauf verhandeln, wenn die monatlichen Raten nicht mehr beglichen werden können, weil einer der beiden Geschiedenen bereits ausgezogen ist und irgendwo anders Miete zahlt, im Glauben, sich dadurch der gesamtschuldnerischen Haftung entziehen zu können. Aber am Ende können die Streitparteien froh sein, wenn sie nicht draufzahlen müssen.

Will jedoch einer von beiden das Haus behalten, muss er oder sie den anderen auszahlen. Mitunter ist das aus finanziellen Gründen unmöglich. Mit all diesen Angelegenheiten muss sich der Makler dann auseinandersetzen, um einen freihändigen Verkauf möglich zu machen. Das ist weder lustig noch einfach. Die letzte Alternative ist aber noch unlustiger: die Zwangsvollstreckung.

Es war wieder mal eines der „Schnäppchenhäuser" oder auch „Handwerkerobjekte" in Leegebruch. Die Käufer, ein junges Pärchen um die 25, hatten sich für die Doppelhaushälfte entschieden. Es gab viel zu tun an Bad, Elektrik, Wänden, Innengestaltung – also eigentlich an fast allem. Nach anderthalb Jahren meldete sich der Mann und tat kund, dass das Haus verkauft werden solle. Die Besichtigung und Aufnahme ergab, dass statt einer einfachen Dusche ein Bad mit Whirlpool und extravaganter Duschlandschaft, eine komplett neue Elektrik und ein neues Wohndesign verbaut worden waren. Die Arbeiten am Haus hatten den Wert enorm erhöht. Doch durch die vorzeitige Kündigung des Hypothekendarlehens wurde eine Vorfälligkeitsentschädigung fällig – und der Gewinn war weg. Die Getrennten kamen zwar noch mit einem blauen Auge davon, hatten jedoch ihr handwerkliches Geschick und zum Teil den Materialeinsatz für nichts eingebracht.

So ging es auch einem Pärchen aus Neuroofen/Stechlin. Der Mann hatte auf Wunsch seiner Frau die Doppelhaushälfte gekauft, die sich in einem fürchterlichen Zustand befand. Er wollte eigentlich da gar nicht hinziehen, aber der Liebe wegen tat er es. Er baute das Haus um und erneuerte alles – mit dem Ergebnis, dass sie wieder auszog, weil es ihr zu langweilig wurde mit nichts als Natur und dem großen Stechlinsee um die Ecke.

Bei einem neueren Haus in Oranienburg verstand ich mich mit beiden Geschiedenen insofern, als sie bereit waren, sich zum Verkauf ohne Anwälte an einen Tisch zu setzen. Nur was die Unterhaltungskosten des Hauses betraf, war man sich uneinig. Das Haus war schon leergezogen, aber Gas, Wasser und Strom waren noch angemeldet. Der Mann hatte einen kleinen Reinigungsbetrieb und wusch seine Reinigungslappen in der dort noch installierten Waschmaschine; Strom und Wasser aber sollte die Frau bezahlen, die das nicht einsah und einfach alles abbestellte. Es ist großartig, wenn aus Berlin Kaufinteressenten anreisen und für's Händewaschen das Wasser fehlt. Glücklicherweise gab es im Garten einen Teich, sodass ich einen Eimer neben die Toilette stellen konnte.

An einem schwülen Freitag im Sommer, der Wetterdienst warnte vor Unwettern, machten wir die Schlüsselübergabe. Über dem nahen Wald rumpelte es ein wenig, doch danach schien wieder die Sonne. Ich fragte die Verkäuferin, ob sie denn die Gebäudeversicherungspolice mitgebracht hatte – ab Besitzübergang sollte der Käufer diese übernehmen. So hatte ich es bei Aufnahme des Objektes erklärt und man war damit einverstanden gewesen. Nur waren von Aufnahme bis Verkauf ein paar Monate vergangen, sodass die Dame sich an die Absprache nicht mehr erinnern konnte. Freimütig gab die Frau zu, die Versicherung schon lange gekündigt zu haben. Es war Freitagnachmittag – finde da mal einen Versicherungsagenten, bei dem man schnell was Neues abschließen kann. Nach einem vorsichtigen Blick zu Himmel und Horizont kamen die Käufer zu der Überzeugung, dass die Gewitter abgezogen waren und dem Haus eine ruhige, sichere Nacht bevorstünde. Falsch gedacht! In der Nacht kam es zu einem Cluster, einer so genannten „Superzelle" unter den Gewittern. Es war mitten in der Nacht taghell von den unablässig einschlagenden Blitzen.

Am darauffolgenden Morgen rief ich den Käufer an. Vorweg: Dem Haus war nichts passiert – aber der neue Besitzer gab zu, dass er die schlimmste Nacht seines Lebens hinter sich habe. In den frühen Morgenstunden schließlich sei er hinübergefahren, um sich zu vergewissern, dass nicht alles in Flammen aufgegangen sei – ohne Versicherung ...

Erfahrungswerte –
Keine Lust auf Mieter

Sonnenberg ist eine kleine Gemeinde im Raum Gransee. Hier hatte ich einen Vierseithof im Angebot, in dem die Eigentümerin zuvor das Dachgeschoss und einige Ställe vermietet hatte. Eine folgenschwere Entscheidung, wie sie später leider feststellen musste: Die Mieter waren ausgesprochen tierlieb und schafften sich eigentlich alles an, was man an Haustieren so kennt – inklusive einer Katzenzucht.

Die Gerüche, die in der großzügigen Dachgeschosswohnung herrschten, kann sich sicherlich jeder selbst ausmalen. Doch die Katzen waren noch nicht einmal das Ausschlaggebende ... sondern die Haltung von mehreren Minischweinen. Wer diese Tierart nicht kennt, sollte nicht davon ausgehen, dass „Mini" ein niedliches, ferkelgroßes Wesen bedeutet. Minischweine können ein Gewicht von 70 Kilogramm erreichen. Da die Schweine, die jung erworben worden waren, nicht gelernt hatten, Treppen zu steigen, wurde ihnen ein eigenes Zimmer eingerichtet – inklusive einer sehr dilettantisch gebauten Suhle. Als der Matsch die Decke des darunter liegenden Zimmers durchfeuchtet hatte, flog die Schweinezucht im Dachgeschoss endlich auf. Das Ergebnis war die Kündigung, gefolgt von einer sich ewig hinziehenden Räumungsklage und schließlich der Übernahme einer vollständig zu sanierenden

Wohnung. Denn nach nur eineinhalb Jahren war die ursprünglich ordentliche Wohnung nicht mehr wiederzuerkennen.

Als Dank zogen die Mieter plötzlich über Nacht aus, aber nicht, ohne die komplette Sanitäreinrichtung, die Einbauküche und den im Keller befindlichen Heizungskessel als Erinnerungen mitzunehmen.

Zehdenick liegt im Norden Oberhavels und ist bekannt durch seine wasserreiche Umgebung. Hier sollte ich ein hübsches Einfamilienhaus aus dem Jahre 1980 an den Käufer bringen.

Der Verkäufer hatte ebenfalls die Nase vom Vermieten gestrichen voll. Er hatte nach der Vermietung nochmals viel Geld in das Haus stecken müssen, um wenigstens einen guten Verkaufserlös erzielen zu können. Seine lieben Mieter hatten offenbar etwas gegen Glas in Wohnräumen gehabt, und so war keine der mit Glasfenstern versehene Wohnungstüren ohne Sprung in der Scheibe. Das großzügige Wohnzimmer hatte vormals hellen textilen Bodenbelag gehabt, welcher nach dem Auszug der Mieter eher in Richtung Anthrazit spielte. Dass keine Haustiere erwünscht waren, wurde zugunsten der Haltung von drei sehr großen Hunden ignoriert. Das Wohnzimmer besaß einen offenen Kamin, in dem – wie sich sicher jeder vorstellen kann – aufgrund der spritzenden Funken kein Nadelholz verbrannt werden sollte. Auch das wurde „übersehen" und hinterließ schöne Andenken auf dem Teppich. Da keine Miete mehr gezahlt wurde, kündigte der Vermieter seinen Mietern, die das völlig gelassen nahmen – und ignorierten. Da der Verkäufer das Geld für eine Räumungsklage nicht vorstrecken konnte, musste er sich etwas anderes einfallen lassen.

Auf dem rund 1500 Quadratmeter großen Grundstück befand sich ein weiteres, kleineres Wohnhaus, welches der Verkäufer sporadisch nutzte. Auch war er Mitglied in einem Schützenverein. Eines schönen Sommertages setzte er sich also auf die vom Haupthaus aus sichtbare Terrasse seines Häuschens und putzte liebevoll und ausdauernd seine Flinten und Faustfeuerwaffen.

Dieser Anblick genügte offenbar. Auch dieses Mal zogen die Mieter urplötzlich mitten in der Nacht aus. Aber auch dieses Mal nicht, ohne einige Andenken aus dem Haus mitzunehmen.

Erben –
die lieben Kinder

Ähnlich wie bei Verkäufen aus Altersgründen kann ein Makler bei Erbschaften live miterleben, wie Menschen werden, wenn die Aussicht auf Geld besteht. Jeder Erbe hatte sich natürlich selbst stets fürsorglichst um den Verschiedenen gekümmert – und gönnt den anderen nun nicht den Schmutz unter dem Fingernagel.

Jeder, der einem in so einem Falle gegenübersitzt, gehört ganz zweifellos zu den Guten. Die eigene Überzeugung und die schönen Worte der Erben nutzen allerdings wenig, denn beim Verkauf müssen alle an einen Tisch und den Notar interessiert nicht, wer wieviel (nicht) gemacht hat. Er teilt die Beute so auf, wie es im Erbschein oder Grundbuch steht.

Bei Nachlassverkäufen wird in der Regel von den Erben ein ideeller Wert festgelegt – den hat der beauftragte Makler dann beizubringen. Die Bewertung der Immobilie ist in der Realität jedoch oft niedriger als in der Vorstellung der Erben im stillen Kämmerlein. Dann kann man nur hoffen, dass der eine oder andere auf seinen Anteil verzichtet. Das ist aber nur schwer machbar, denn die Erben haben das Geld vor dem Verkauf schon lange für Pferd, Auto und Schuldenbegleichung ausgegeben.

Wenn keine Einigkeit entsteht, ist ein Verkauf nicht möglich. Dies sieht man dann an langsam vor sich hinrottenden Immobilien in den neuen wie sicher auch in den alten Bundesländern. Eine rechtliche Handhabe gibt es leider nicht, und zu „ordentlichen" Zwangsverkäufen kommt es nur dann, wenn die Immobilien finanziell überlastet sind. Wenn aber zum Beispiel von fünf Erben einer nicht verkaufen möchte, gibt es immer noch die Möglichkeit der so genannten Teilungsvollstreckung. Im eigentlichen Sinne ist es eine zielgerichtete Zwangsvollstreckung, bei der die restlichen vier Erben gegen den letzten vollstrecken. Das ist aber immer mit einer Vorauskasse verbunden – es bedarf nämlich eines Gutachtens für das Amtsgericht, das nicht gerade günstig ist.

Da aber Erben, wie ich immer wieder feststellen kann, eigentlich nur die Hand aufhalten möchten, statt selbst zu bezahlen, muss man sehr feinfühlig mit dieser Thematik umgehen. Letztendlich geht es aber einfach um alles oder nichts. Für einen Makler ist es daher gut, genau zu überlegen, ob er sich eines solchen Falles überhaupt annimmt, wenn beispielsweise die Zahl der Erben zu hoch ist. Denn je mehr Beteiligte, desto wahrscheinlicher ist Streit – schließlich will jeder sein Stück vom Kuchen abbekommen.

Ein weiterer Punkt ist, ob die Erben wenigstens in der Bundesrepublik wohnen. Leben sie im Ausland oder sind verstorben, sodass deren Kinder ausfindig gemacht werden müssen, lohnt sich der Aufwand für einen Makler wirklich nur bei Großimmobilien wie Mehrfamilienhäusern in Großstädten. Dann macht es sogar Sinn, extra eine Firma zu beauftragen, die nach den restlichen Erben recherchiert.

Nahe Fürstenberg ging es eigentlich nur um ein Stück Ackerland und um zwei Brüder. Man sprach seit über neun Jahren nicht mehr miteinander, weil sich jeder untervorteilt fühlte. Wenn es nichts wird, habe ich eben Pech gehabt, dachte ich mir und nahm den Auftrag an. Mit Fingerspitzengefühl und diplomatischem Geschick konnte ich die Immobilie verkaufen. Glücklicherweise mussten nicht beide Brüder an einen Tisch – das Ganze gelang nur, weil es rechtlich möglich ist, einen Kaufvertrag nachzugenehmigen. Wären beide im selben Raum gewesen, wären sie sich möglicherweise an den Hals gegangen.

In einem anderen Fall wollten drei Brüder, zwei davon Hartz-IV-Empfänger, ein Haus in Zepernick bei Berlin verkaufen. Der älteste der Brüder stand kurz vor der Rente und hätte so oder so nirgendwo mehr Arbeit bekommen, aber der jüngste war erst Ende vierzig und prahlte immerzu mit seinen Reichtümern wie seinem schicken Auto und der Segeljacht. Die Professionalität verbot mir, mich dazu zu äußern, und so machte ich mich daran, die Höhle – denn etwas anders war es nicht – zu vermarkten. Wann immer ich kam, waren die beiden arbeitslosen Brüder natürlich auch vor Ort, um Haus sowie Garten „in Ordnung zu halten". Diese Zeit nutzten sie auch, um sich mit zahlreichen verbalen Entgleisungen über den dritten Bruder zu äußern, der ja eine Arbeit hatte und täglich seine Zeit damit verbrachte, defekte Rohrleitungen zu reparieren.

Die „Grotte", wie ich sie nannte, war wirklich so abscheulich und der gewünschte Kaufpreis so hoch, dass sich kaum ein Interessent fand. Aber das Grundstück besaß tatsächlich diesen Wert, und ein Kaufinteressent bot einen etwas niedrigeren, aber immer noch akzeptablen Preis, bei dem er im Gegenzug keine Abrisskosten in Rechnung stellen würde. Jetzt lautete meine Aufgabe: Wie bringe ich den drei Erben bei, dass sie statt 30.000 Euro pro Nase nur noch 28.000 Euro bekommen würden? Schließlich hatte jeder sein Geld schon längst verplant. Schon begann der Streit. Warum sollte der eine Bruder, der sich um nichts gekümmert hatte, überhaupt Geld bekommen – wenn man das Erbe schon für teures Segelleinen oder eine neue Einrichtung vorgesehen hatte? Durch viel Diplomatie gelang es mir, den Käufer dazu zu bewegen, 3.000 Euro mehr zu bezahlen, denn Grundstücke in dem angebotenen Schnitt waren rar in Zepernick. So gab sich jeder der drei Erben letztendlich mit 29.000 Euro zufrieden.

Preisfindung –
lieb und vor allem teuer

Die Bewertung eines Objekts ist für den Makler immer so etwas wie eine Kür. Der Verkäufer hat seine festen Vorstellungen und zählt auf, was er schon alles getan hat (schwitz), wie viel Mühe er mit dem Grundstück hatte und dass ja auch noch eine teure Einbauküche dazugehört. Als Makler bewertet man die Objekte etwas nüchterner und rechnet aus, wie viele Chancen man damit auf dem Markt hat. Und mit etwas Glück kommen Makler und Verkäufer letztlich auf eine gemeinsame Zahl.

Beim telefonischen Erstkontakt besteht der Verkäufer in der Regel darauf, dass er sich am Telefon über den Preis nicht unterhalten möchte. Natürlich hat er seine Vorstellungen, aber er möchte doch erst die Meinung des Maklers vor Ort erfahren. Ich habe dann aber zumindest schon einmal die Adresse und kann herausfinden, wie hoch die Bodenrichtwerte sind, und im Internet schauen, ob die Lage lohnt. Am Wohnzimmertisch macht man schließlich im Kreise der Verkäufer die Bewertung.

Hier kann es durchaus passieren, dass der nette Nachbar, die Kinder oder gleich die halbe Verwandtschaft dabeisitzen, um zu prüfen, ob man auch ja nichts Falsches sagt. Also geht man sensibel die ganze

Bewertung durch. Die dunkelbraunen Küchenmöbel im rustikalen Landhausstil waren in den Neunzigerjahren modern, das ist aber auch schon über zwanzig Jahre her und die Küche damit im eigentlichen Sinne abgeschrieben. Trotzdem wird immer wieder gerne betont, wie teuer die Anschaffung einst war – und von diesem Preis möchte man, auch im zwanzigsten Jahr der Nutzung, irgendwie etwas sehen. Das Bad ist zwar schön gefliest, aber die Fliesen würden eher in eine Küche passen; die Styroporplatten an der Decke waren mal modern, doch heute möchte das niemand mehr haben, und wenn dann noch großflächig verklebt wurde, wird die Entfernung bei einer Strohputzdecke wirklich unangenehm. Das Paneel an den Wänden und Decken ist zwar abwaschbar, aber das hilft nichts gegen Ausbleichen – auch seine Zeit ist mehr oder minder vorbei. Als letzter Punkt werden noch alle Pflanzen im Garten aufgezählt, die vermoosten Betonsteine in schönstem Grau und die traumhafte Terrasse, die aus Autobahnbeton gegossen wurde und über die ein Panzer fahren könnte. Schön zu wissen – denn ein Presslufthammer reicht zum Entfernen dann kaum noch aus. Besser wäre Dynamit.

In einem Haus bei Kremmen war die Küche recht modern, bestach allerdings mit einem sanften Hellbraun. Die Verkäufer hatten den Raum genutzt, um dem Nikotin zu frönen. Nach Schlüsselübergabe rief mich die Käuferin an, um mir mitzuteilen, dass sie ein ganz neues Dekor nach dem Putzen der Küche gefunden hat. Auf meine vorsichtige Frage, ob die Küche nun weiß geworden sei, schwieg sie nur. Ich konnte es mir vorstellen.

Bei einem Haus in Oranienburg sagte der Verkäufer zu meinen Kunden: „An mein Haus kamen nur Wasser und meine Hände". Die Ausstattung war super, das Haus äußerst gepflegt. Aber ich wusste, dass der Verkäufer von Beruf Schulhausmeister war; laut seiner Aussage machte er am Haus alles selbst und besaß demnach keine Handwerkerrechnungen. Seinen Spruch fanden die Kunden daher nicht so witzig, denn man zieht nicht gerne irgendwo ein, wo man nicht weiß, wann die Toilettenspülung wegen nicht fachgerechten Einbaus den Geist aufgibt und ob nicht eines Tages die selbstgebastelte Elektrik Funken sprüht.

Hat man schließlich einen Preis gefunden, mit dem die Verkäufer einverstanden sind, bedeutet das noch lange nicht, dass es dabei bleibt. Dann gibt es immer noch jemanden aus der Verwandtschaft, Nachbarschaft und unter den Kollegen, der behauptet: Also *ich* hätte dir dafür mehr gegeben! oder: Dafür kannst du doch mehr verlangen. Nun kommen wieder Zweifel auf, ob der Makler mit seiner Bewertung richtig lag und ob man nicht mehr fordern kann. Die Antwort ist einfach. Hätten diejenigen denn wirklich mehr gegeben – oder klopfen sie nur Sprüche? Und es ist immer Letzteres, denn diese Besserwisser kaufen die Immobilie ja nicht. Man sollte da seinem Makler schon vertrauen – schließlich bestimmt die Höhe des Verkaufspreises auch seinen Verdienst und schließlich kennt er den Markt besser als jeder Nachbar, Verwandte oder Kollege!

Es sollte auch nicht unbedingt als Maßstab genommen werden, dass zum Beispiel der Nachbar ganz schnell verkaufen konnte. Jede Altimmobilie hat ihre individuellen Vor- und Nachteile, auch wenn es sich um ursprünglich praktisch baugleiche Reihenmittelhäuser oder Doppelhaushälften handelt. Die später ausgeführten Baumaßnahmen fallen ja doch, je nach Geldbeutel des Verkäufers, unterschiedlich aus und bestimmen den Wert des Objekts entscheidend.

Es ist hin und wieder auch vorgekommen, dass eine ganze Reihe Besichtigungen zustande kamen, kaum dass die Immobilie auf den Markt war. Dann stellen die Verkäufer fest, dass man bei der hohen Nachfrage bestimmt auch mehr verlangen könnte und fordern, dass ich den Preis anhebe. Das Haus ist zu diesem Zeitpunkt aber schon bekannt – da passiert es schnell, dass sich anschließend niemand mehr dafür interessiert. Die bessere Variante ist dann – vorausgesetzt, es gibt mehrere Käufer, die die Immobilie haben möchten und auch bezahlen können (gleichgültig ob aus Bar-

oder Fremdmitteln) –, sich von diesen entsprechend höhere Angebote einzuholen. Was nutzt es, wenn einer angibt, mehr bezahlen zu können, aber möglicherweise keinen Kredit bekommt.

Für eine Immobilie in Hohen Neuendorf hatte ich einen Käufer, welcher nach Verkauf seiner Eigentumswohnung einen Finanzierungsrahmen inklusive Nebenkosten zur Verfügung hatte, der etwas niedriger lag als die Kaufpreisvorstellung des Verkäufers. Der Verkäufer wollte für seine Doppelhaushälfte mit großem Grundstück mindestens 150.000 Euro haben. Auch mit Provisionsnachlass kamen wir nur auf 147.500 Euro. Eigentlich lächerlich, werden viele denken, aber der Verkäufer bestand für das ältere Haus, in dem noch dazu einiges zu tun war, auf den vollen Mindestpreis. Nach dieser Aktion wollte er, mit der Mitteilung, noch nicht verkaufen zu müssen, nichts mehr mit mir zu tun haben.

Etwa zwei Jahre später fand ich die Immobilie für einen Kaufpreis von 109.000 Euro bei einem Kollegen wieder und rief ihn an, um ihn über unsere damaligen Bemühungen zu informieren. Er erzählte mir, dass das Objekt nun für 99.000 Euro verkauft wird. Dabei hatte sich der Zustand des Hauses nicht verschlechtert, die Straße war – anders als zu „meiner Zeit" – nun auf Kosten der Anlieger saniert, aber trotzdem hatte sich niemand gefunden, der diese Immobilie zu den Vorstellungen des Verkäufers haben wollte. Dieser stand aus gesundheitlichen Gründen aber inzwischen unter Verkaufsdruck.

Er wollte ein bisschen mehr und hat letztendlich viel weniger bekommen. Es hatte mich gejuckt, ihn zu besuchen und ihn darauf hinzuweisen, dass ihm seine Gier nun einen Verlust von 48.500 Euro eingebracht hätte, aber ich gab meiner unfeinen Schadenfreude nicht nach. Er wird sich sicherlich selbst über seine Fehleinschätzung genug geärgert haben.

Es sollte eben bei jeder Preisfindung eines bedacht werden: Wir reden nicht über einen gebrauchten kleinen Fiat oder über eine in die Jahre gekommene Stereoanlage. Es geht um eine Menge Geld. Es muss auch nicht sein, dass der Interessent eine schlechte Bonität hat, wenn er angibt, dass die Immobilie für seinen Kreditrahmen zu teuer ist – hier ist entscheidend, wie seine finanzierende Bank die Immobilie einwertet. Ich habe schon erlebt, dass Banken Altimmobilien ablehnen, obwohl sie dem Kaufinteressenten für einen Neubau einen Kredit in doppelter Höhe gewährt hätte. Der ausschlaggebende Faktor lautet: Lage, Lage, Lage! Da interessiert es wenig, ob ein überdachtes beheizbares Schwimmbad, eine großzügige Doppelgarage oder ein Whirlpool zur Ausstattung gehören.

Verkaufsprozess –
Geduld ist eine Tugend

Verkäufer werden schnell etwas ungeduldig, wenn sich der Verkauf ihrer Immobilie hinzieht, selbst wenn man als Makler darauf hingewiesen hat, dass einem bei dieser Lage, diesen Preisvorstellungen, dieser Grundstücksgröße und so weiter und so fort die Käufer nicht die Bude einrennen werden. Es kommt trotzdem die Frage, wo denn meine Kunden wären. Ich antworte dann wahrheitsgemäß, dass ich sie nicht in den Keller einsperren kann, um sie hervorzuholen, wenn ich etwas im Angebot habe. Natürlich ist der feuchte Traum eines jeden Maklers nach der Aufnahme eines Objekts der sofortige Verkauf. Das kommt auch hin und wieder vor – aber es ist selten. So habe ich immer mal wieder Immobilien deutlich länger in der Vermarktung als ursprünglich angenommen.

Eigentlich war alles in Ordnung für den angesetzten Preis: große Wohnfläche, Garten, Kamin, Pool, Doppelgarage, nur eben etwas außerhalb. In diesem Fall nannte sich der Ort Hohenbruch. Es gab hier einen Kindergarten, einen Fußballplatz – und das war's. Bis nach Berlin dauerte es mit dem Pkw eine halbe Stunde, ohne zweites Auto war man als Familie hier angeschmiert. Nach über viereinhalb Jahren hat sich dann der Deckel für den Topf gefunden. Aber hier waren die Verkäufer auch geduldig und es hatte sich für sie gelohnt, denn sie haben einen Kaufpreis nach ihren Vorstellungen bekommen.

Normalerweise geht es natürlich schneller, aber wie schnell, hängt immer von der Beschaffenheit der Immobilie und der Lage ab. Es wird verkäuferseitig gern angegeben, dass man nicht unter Druck stehe. „Wir müssen nicht verkaufen", heißt es gerne. Wenn der Verkäufer noch körperlich fit ist und keine Zwangsvollstreckung droht, mag das sicherlich stimmen. Aber es wird hierbei vergessen, dass der Käufer auch nicht kaufen muss, denn er hat ja bereits ein Dach über dem Kopf.

Kurz nach der Wende kamen viele gut ausgebildete Menschen unter anderem in den Speckgürtel von Berlin, um entweder Betriebsfilialen zu eröffnen oder ihre Arbeit im Bundestag aufzunehmen. Da es diese Leute gewohnt waren, in eigenen Häusern zu wohnen, wurde auch hier entsprechend gekauft oder neu gebaut. So entstanden Neubaugebiete mit zum Teil sehr luxuriös ausgestatteten Häusern selbst in den abgelegeneren Gegenden. Für die Mitarbeiter kein Problem, denn oft musste nur er zur Arbeit, die Frau blieb zuhause und passte auf die Kinder auf. Für den etwas weiteren Arbeitsweg gab es einen Firmenwagen, die Ehefrau besaß ein eigenes Auto. Einige Jahre später verlangte das eine oder andere Unternehmen, dass diese Mitarbeiter wieder in die Hauptniederlassungen zurückkehren sollten, denn sie hatten ihre Aufbauarbeit vollendet. Für die Rückkehr planten die Betriebe in der Regel eine Vorlaufzeit von rund zwei Jahren ein. Dadurch war die Zeit zum Verkauf also großzügig, aber zwei Jahre sind gar nicht so viel, wenn überzogene Kaufpreisvorstellungen vorliegen.

Auch wenn Immobilien, die Anfang der Neunzigerjahre errichtet wurden, im eigentlichen Sinne „neu" sind, entsprechen sie nicht mehr den heutigen Standards. Diese Häuser sind zum Teil, je nach Eigentümer, sogar ordentlich abgewohnt. Die Investitionen, die erforderlich wären, um diese Objekte auf neuesten Stand zu bringen, sind irrsinnig hoch: Die Heizung ist aus der Bauzeit und müsste demnächst erneuert werden, die Fenster sind nur doppelt verglast, die Dächer je nach Lage von der Farbe befreit, die Terrassenfliesen zum Teil defekt, ebenso wie die Fliesen im Wohnbereich, die zudem nicht mehr der Mode entsprechen, und so weiter. Über die Einbauküchen wurde schon berichtet, und auch deren Elektrogeräte haben ein Mindesthaltbarkeitsdatum. Der Garten ist zwar schön angelegt und verfügt über Garage, Pool, Teich und eingemauerten Grill, das interessiert die Bank des Interessenten jedoch wenig und wird daher kaum bewertet. Das löst bei vielen Verkäufern Unverständnis aus – man hatte früher, also vor zwölf bis zwanzig Jahren, doch so viel dafür bezahlt.

Dazu kommt, dass jeder über einen eigenen Geschmack verfügt, und dann interessiert es den Käufer eben nicht, ob es einen großen, überdachten Pool gibt, weil er ohnehin lieber in einem See schwimmen geht, ob die Sauna im Keller hochwertig ist oder ob überall im Haus teure Spanndecken montiert wurden. Man kann eben anderen Menschen nicht die eigene Lebensart oder seinen Geschmack aufzwängen.

Geschmack ist auch Glückssache

Aufgrund all dieser Faktoren schrumpft die Zahl an Interessenten dann schnell zusammen und dann man braucht Zeit, manchmal viel Zeit, um jemanden zu finden, der genau denselben Geschmack besitzt wie der Verkäufer.

Der Pfaffenwald ist so eine Siedlung im Norden Berlins. Anfang 2000 wurden hier Reihenhäuser, Doppelhäuser und einzelne freistehende Häuser errichtet. Fährt man heute durch, ist alles sehr gepflegt und sieht schön aus. Wegen der unmittelbaren Nähe zu Berlin ist das Interesse immer noch recht groß. Es handelt sich um ein so genanntes B-Plan-Gebiet. Alle Straßen sind hochwertig befestigt, es gibt Spielplätze und die Laternen leuchten jeden Winkel aus. Hier sind die Quadratmeterpreise dann auch entsprechend hoch: Bezahlte man 2006 für den Quadratmeter außerhalb der Siedlung 80 Euro, waren es im Pfaffenwald über 160 Euro. Diese Preise werden jedes Jahr vom Gutachterausschuss herausgegeben und richten sich danach, wie viel verkauft wurde, also wie hoch die Nachfrage ist. Da in dieser Siedlung anschließend weniger verkauft wurde – weil sich die Leute hier wohlfühlen –, sank der Preis bis jetzt auf 145 Euro pro Quadratmeter. In vielen anderen Siedlungen ist es ähnlich. So lag der Preis in Leegebruch über viele Jahre bei 60 Euro und sank nach weniger verkauften Grundstücken ebenfalls.

Da die Verkäufer aus dem Pfaffenwald nun aber damals 160 Euro bezahlen mussten, wollten sie dieses Geld auch wieder haben. So geht es, wenn man sich bei der Lage verkalkuliert hat. Die Immobilien verlieren dann an Wert – was nicht bedeutet, dass es so bleiben muss, denn die Immobilienpreise gehen in anderen Lagen auch wieder nach oben. Hier geht es, wie überall, um die momentane Nachfrage. Leider kann niemand in die Zukunft blicken, um zu sehen, wann die Nachfrage wieder steigen wird. Ob der Ausspruch „wir haben Zeit" wirklich für mehrere Jahrzehnte gilt, darf hinterfragt werden.

In einem Architektenhaus des schönen Havellandes gab es ein Wohnzimmer, wie man es selten findet. Es war – und das war das Ziel des Bauherrn gewesen – bestimmt nicht 08/15. Von außen sah das Haus eher aus wie eine kleine Kapelle mit seinen hohen Bogenfenstern, aber bei näherem Hinsehen erkannte man doch, dass es sich um Einfamilienhaus handelte. Große Fenster sorgen für viel natürliches Tageslicht, aber eben auch dafür, dass in einer exponierten Lage alle Passanten sehen können, was man gerade so tut. Das Wohnzimmer war mit etwa 56 Quadratmetern extrem geräumig und bedingt durch die Bauart über vier Meter hoch. Durch die Fußbodenheizung mit Erdwärme sollte es an Behaglichkeit trotzdem nicht fehlen. Dazu kamen noch Wintergarten, Schwimmbecken und so manche andere Raffinesse. Die Vorstellung des Eigentümers lag bei über 460.000 Euro und diese Summe hatte er sicher ursprünglich auch bezahlt, aber es konnte sich niemand so richtig mit dem Geschmack des Eigentümers anfreunden, sodass die Immobilie erst nach über drei Jahren für ca. 330.000 Euro verkauft werden konnte. Hobby kostet eben!

In Ortsrandlage in Oberkrämer wollte eine junge Frau ihre besondere Immobilie aus Trennungsgründen verkaufen. Das etwa 160 Quadratmeter große, unbelastete Haus war im mediterranen Baustil erbaut und strahlte schon von außen Qualität und Luxus aus mit seiner großen, überdachten Freitreppe und dem typischen Ziegeldach, welches im Mittelmeerraum üblich ist.

Man hatte auch bei der Innengestaltung keine Mühen und Kosten gescheut. Selbst vom Erdgeschoss aus hatte man den so allseits beliebten Fernblick. Womit die Interessenten hier Bauchschmerzen bekamen, war wieder der Preis. Nach etwa anderthalb Jahren gab ich es auf, da die Verkäuferin der Meinung war, nur mithilfe von anderen und mehr Maklern würde es gelingen, dass Haus für über 380.000 Euro, ihrem Wunschpreis, zu verkaufen. Wie es der Zufall wollte, lernte ich einen anderen Verkäufer kennen, dessen Sohn das Haus tatsächlich nach dreieinhalb Jahren Angebotszeit erwarb – für 245.000 Euro.

Eine weitere beliebte Begründung für höhere Preise sind die Belastungen im Grundbuch, denn wenn die eingetragene Grundschuld durch den Kaufpreis nicht gelöscht werden kann, ist ein Verkauf nicht möglich. Über Nachranggläubiger wird später berichtet. Eine höhere Grundschuld muss aber nicht bedeuten, dass die Verkäufer die dort eingetragenen Werte allein für das Haus verwendet haben. Vor der Krise im Jahre 2008 waren die Kreditinstitute mit bis zu 130-prozentiger Beleihung noch viel großzügiger, sodass mancher Hauskäufer bei guter Bonität noch schnell den einen und anderen Konsumkredit in die Hypothekenfinanzierung umschulden konnte. Die zusätzlichen Schulden werden dann in verdeckter Form vom Neukäufer bezahlt, obwohl sie mit der Immobilie im eigentlichen Sinne nichts zu tun haben.

Das Exposé –
die Kunst, nicht zu viel zu verraten

Das Exposé soll Lust machen. Es soll das Interesse wecken und ein paar Informationen liefern – aber nicht zu viele, denn meist geht es schließlich um ein selbst zu nutzendes Haus. Da sollte der Interessent den Allerwertesten schon bewegen und die Immobilie persönlich in Augenschein nehmen. Anders wäre es bei Anlageobjekten wie Mietshäusern, denn hier zählt nur die Mieteinnahme und wie viel Rendite damit erwirtschaftet wird. Nur die Fakten sind wichtig.

Die schöne Welt der Fotos

Wer aber selbst in das Haus oder die Wohnung einziehen möchte, wünscht sich vom Makler oft mehr Innenfotos. Viele vergessen dabei, dass ein Foto auch nur die halbe Wahrheit ist – es ist eben auch nur ein Mittel zur ersten Veranschaulichung. Selbst mit modernsten Kameras, inklusive Weitwinkelobjektiv, lässt sich immer nur der Blick aus einer Zimmerecke darstellen – einer Ecke, in die sich der Bewohner später selten oder nie stellen wird.

Durch eine geschickte Positionierung und entsprechende Nachbearbeitung werden aus kleinen Kammern Säle, aus Gästetoiletten Wellnessoasen, aus 1,80

Metern niedrigen Kellern hohe Hallen. Auch Videos macht man heute gerne über die Raumaufteilung. Ist der Kameramann aber 1,60 groß, ist der Blickwinkel des Interessenten mit einer Körpergröße von 1,90 Meter ein ganz anderer. Steht man dann selbst in den ach so herrlich dargestellten Gemäuern, stößt sich den Kopf, rempelt sich Knie und Ellbogen in einer mit Möbeln vollgeramschten Bude, kommt die Frage auf, wie solche Fotos oder Videos entstehen. Die einfache Antwort lautet oft: ähnlich wie bei den Models in Frauenzeitschriften – per PhotoShop. Mit Fotobearbeitungsprogrammen kann man heute vieles viel schöner darstellen, als es im realen Leben ist.

Mir hatten Kunden erzählt, dass die Aufnahmen eines Hauses von einem Kollegen so toll aussahen, dass sie sofort hinfahren wollten. Vor Ort aber zögerten sie, auch nur aus dem Auto auszusteigen. Der Schock war zu gewaltig, als man das Haus in Echt sah.

Informationsüberfluss und Informationsmangel

Aus meinen langjährigen Erfahrungen weiß ich zu berichten, dass zu viele Informationen nicht gut sind – „kurz und knackig" lautet die Devise. Der Großteil der Kaufinteressenten liest das Exposé offenbar nicht bis zum Ende, denn zu oft werden Fragen zum Gebäude oder zur Erschließung gestellt, die das Exposé eigentlich beantwortet. Sollte die Beschreibung in Bezug auf die Lage nicht informativ genug sein, sollte man sich in Zeiten des Internets schon vorher schlau machen – und stellt dann nicht erst bei der Besichtigung in der Walachei nach langer Fahrt fest, dass der Weg zur Arbeit doch zu weit ist.

Jeder Kollege handhabt die Objektbeschreibungen anders. Dem einen ist es wichtig, unter Lagebeschreibung anzugeben, wie schön und besonders die Aussicht auf das an den Privatgarten angrenzende Zwanzigfamilienhaus doch ist oder dass die freiwillige Feuerwehr, die im hinteren Grundstücksbereich ihren angestammten Treffpunkt hat, auch nur ganz selten ausrückt; dass die Schrottannahmestelle beim Nachbarn nur unter der Woche und nur bis 20 Uhr Metall annimmt und ansonsten ganz leise arbeitet; dass die Schweine in der Mastanlage hinterm Haus sehr brave Tiere sind und jeden Tag geduscht werden und dem Nachbarn seine für Schlangenbesitzer gezüchteten Mäuse und Ratten praktisch nie ausbrechen; dass die Müllverbrennungsanlage erst in zwei Jahren erbaut wird und wirklich noch nicht feststeht, ob die vierspurige Bundesstraße tatsächlich kommt. Die Wahrheit kommt irgendwann immer zu Tage. Aber Negatives wird gerne umschrieben – schließlich funktioniert Werbung nur so.

Natürlich ist man als Makler verpflichtet, Umstände wie eine geplante Autobahn anzugeben oder mitzuteilen, dass bei jenem Haus zum Beispiel Asbest verarbeitet wurde, sofern der Eigentümer dies mitteilte. Ansonsten kann man das als erfahrener Makler aber auch allein feststellen, weil man über die Jahre die unterschiedlichen Haustypen kennen gelernt hat.

Über Ruhe und Störung

Die „mittelmäßig" befahrene Straße (nur hundert Autos pro Minute) mit dem Flüsterasphalt direkt vor der Haustüre sorgt durchaus für ein angenehmes Ambiente, solange man auch im Sommer die Lärmschutzfenster geschlossen hält. Andererseits: Ganz ruhig wird man es nirgendwo haben, denn selbst im Wald klopft irgendwann der Specht. Wer zentral, aber dennoch ruhig wohnen will, muss halt Kompromisse eingehen. Auch in gewachsenen Einfamilienhaussiedlungen ist es nicht immer so ruhig, wie es deren Satzung vorschreibt. Gartengeräte sind eben nicht gerade leise. Dass am Samstag hier und da ein Rasenmäher läuft, ist normal.

Aber am Sonntag hat doch Ruhe zu herrschen! Schön wär's – da kommt nämlich mittags der Besuch des Nachbarn und fährt nachmittags wieder, aber nicht, ohne noch lang und von Herzen zu hupen. Kaum ist der weg, zieht ein kleines einmotoriges Sportflugzeug am Himmel seine Kreise, und wenn die Siedlung nicht zu nahe an einer Stadt ist, darf es das in nur 200 Metern Höhe. Schließlich gräbt der Nachbar in seinem

Garten noch einen Teich, in dem fortan die Frösche von Mai bis Ende Juni 24 Stunden pro Tag um die Gunst der Weibchen buhlen. Vom ständigen Bellen des Dackels von gegenüber ganz zu schweigen.

Bezüglich Lärm hat jeder seine eigenen Vorstellungen, wie ich bei einem Hausgrundstück in Mühlenbeck/Mönchmühle feststellen musste. Das Grundstück grenzte genau an den hoch gelegenen Bahndamm. Die S-Bahn fährt dort alle 20 Minuten und ist schnell durch, aber tagsüber und in der Nacht fahren auch Güterzüge mit 30 schwer beladenen Waggons klappernd über die Schienen. „Das Ding wirst du nie los", dachte ich damals. Aber es ging schneller als angenommen. Die Käufer wohnten vorher nahe des Flughafens Berlin-Tegel und fanden es angenehm ruhig.

Natürlich gibt es auch dazu noch eine Steigerung: Das Grundstück in Borgsdorf lag nach hinten zum idyllischen Wald – aber vorne, rund zwölf Meter von der Terrasse entfernt, war der Bahndamm etwa auf gleicher Höhe. Als wir dasaßen, fuhr ein Güterzug durch, und für eine knappe Minute war Schweigen angesagt, denn man verstand sein eigenes Wort nicht mehr. Auch hier gab es viele Kaufinteressenten, denen der permanent wiederkehrende Lärm tatsächlich gleichgültig war. Und das Objekt war nicht mal preis-

günstig! Als Makler ins Exposé „nur eine Handvoll Züge pro Tag" zu schreiben, wäre schlichtweg gelogen
gewesen. Und kurzsichtig: Jeder Interessent kann sich
bei einer Tasse Kaffee im Bahnhofsrestaurant schnell
selbst überzeugen, wie viele Züge tatsächlich fahren.

Die Suchkriterien –
wen interessiert,
was ich gestern wollte?

Um jedem Gesuch gerecht zu werden, erstellt man sich als Makler Kundenkarteien. Wenn etwas möglicherweise Passendes hereinkommt, kann man es dem Kunden präsentieren. Dabei stellt man immer wieder fest, wie flexibel manche Menschen in ihren Wünschen sein können.

Für die Kleinfamilie stand fest: Ein kleines Häuschen in Bernau, zehn Fußminuten vom S-Bahnhof und Supermarkt, war die Traumimmobilie. Es ging ihnen vor allem um den Bahnanschluss, ohne den sie, die kein Auto besaßen, gar nicht auskommen würden. Plötzlich aber war das alles nicht mehr wichtig: Die beiden hatten sich in ein süßes kleines Häuschen in Pausin verliebt. Nun liegt Pausin aber im Havelkreis nordwestlich Berlins und hatte zu diesem Zeitpunkt noch nicht mal eine Busverbindung. Beide Käufer arbeiteten in Berlin-Weißensee, also im Nordosten der Stadt. Bei gebrauchten Häusern muss man Abstriche machen, wenn es wirklich das „perfekte" Haus ist – aber eine tägliche Weltreise zur Arbeit?

Ganz normale Ansprüche

In den alten Bundesländern sind lange Arbeitswege zum Teil normal, oft eine bis anderthalb Stunden pro Tour. Wenn man in München arbeitet, bedeutet das noch lange nicht, dass man auch dort wohnt, denn die Preise in Schwabing oder Nymphenburg betragen oft das Vielfache der Preise auf dem Land. Nur der Westberliner hatte das anfangs noch nicht begriffen, denn er war verwöhnt. Hier war man bis zur Wende eingemauert, die Wege zur Arbeit waren kurz, alles war schnell erreichbar, denn dafür sorgte schon die BVG.

Mit Aussagen wie „das ist uns zu weit, denn wir müssen ja noch zur Arbeit kommen" hat man es da als Makler öfter zu tun. Deshalb lasse ich es mir nicht nehmen, wenn der Suchende die Anschrift seiner Arbeitsstelle verraten hat, dem Exposé die Fahrzeit laut Routenplaner vom Objekt zur Arbeit anzufügen. Denn beim Haus selbst möchte der Berliner auch keine Abstriche machen, ohne Rücksicht darauf, dass es in Berlin nunmal kein Eigenheim mit großem Grundstück für unter 100.000 Euro gibt. Oder, wie ein Verkäufer von Hebbelhaus mir einmal zuflüsterte: „Der (West-)Berliner möchte sein Haus in ruhiger Lage und doch zentral, die U-/S-Bahnstation vorn an der Haustüre und hinten am Garten den See, aber bitte preisgünstig!". Recht hatte er.

Bei den ehemaligen (Ost-)Berlinern war das anders, denn viele hatten ihre Datsche außerhalb von

Berlin und nutzten diese während dem gesamten Sommer. Längere Fahrzeiten waren einkalkuliert, aber dafür saß man abends in der freien Natur statt in der dunklen Mietwohnung.

Nun hat sich seit der Maueröffnung viel geändert – den Spruch mit der Arbeit bekomme ich aber immernoch zu hören.

Das geht aber nicht nur mit Berlinern so, wie ich in Hennigsdorf, direkt vor den Toren Berlins, feststellen durfte. Die Hennigsdorfer, die sich ein Häuschen zulegen möchten, wollen oftmals auch unbedingt dort bleiben, denn da ist man verwöhnt. Es gibt eine gute Infrastruktur mit Kino, Schwimmhalle und S-Bahn-Anschluss. Daher ist jedes Altobjekt oder Baugrundstück gesucht wie seinerzeit das Brot. Da die Nachfrage gewaltig ist, sind die Preise entsprechend hoch, wie es bei knappen Gütern nun mal immer der Fall ist. Das können sich nicht alle leisten. Ich habe dann immer nur empfehlen können, beispielsweise ins nahe Bötzow oder nach Velten zu ziehen. Es gibt eine gute Busverbindung und man benötigt fünf Minuten mit dem Auto nach Hennigsdorf. Der wichtigste Grund, der für die umliegenden Orte spricht, sind aber die Preise. Die gleiche Wohnqualität kostet dort durchaus 100.000 Euro weniger. Aber nein, es muss Hennigsdorf sein! Und wenn es hier nichts gibt, dann vergessen wir eben den Traum vom eigenen Haus. Wie soll ich als Makler da noch helfen können – man kann es eben nicht jedem recht machen, so sehr man sich auch bemüht.

Jetzt schon an überübermorgen denken

Am schönsten ist es, wenn junge Käufer für die Zukunft planen, also an die Zeit, in der die noch ungezeugten Kinder bereits aus dem Haus sind und nur noch mit dem pubertierenden Nachwuchs zu Besuch kommen: „Es muss unbedingt ein Bungalow sein, denn man muss ja ans Alter denken!"

Diese Überlegung ist zunächst durchaus vernünftig, wenn man sich die einfachen, anderthalbgeschossigen Einfamilienhäuser ansieht. Niemand, der so ein Haus kauft, denkt an Krankheit oder Alter. Aber was, wenn man für längere Zeit beispielsweise durch einen Unfall ans Bett gefesselt ist oder aufgrund einer Erkrankung keine Treppen mehr steigen kann? Die Zimmeraufteilung in diesen Häusern ist fast immer gleich: Im Erdgeschoss gibt es ein großes Wohnzimmer mit offener oder geschlossener Küche, ein Gäste-WC, den Hauswirtschaftsraum (anstelle eines Kellers) und die Diele. Liegt der oder die Erkrankte wochenlang im Wohnzimmer auf der Couch, weil das Schlafzimmer ja oben ist, könnte es schon zur einen oder anderen Meinungsverschiedenheit kommen. Das Waschen ist ohnehin nur unter umständlichen Mühen und wie früher mit Schüssel möglich, denn die Größe des Hauswirtschaftsraums ist unverzichtbar – ansonsten wäre ja noch Platz für eine Dusche gewesen.

Während der eine Partner weiterhin zur Arbeit muss, kommt der Kranke langsam wieder auf die Beine, kann sich etwas zu essen aus der Küche holen oder allein zum WC. Die Treppen sind aber weiterhin ein unüberwindliches Hindernis. Natürlich: Jetzt wäre es schon schön, ein zweites Zimmer im Erdgeschoss zu haben, damit man dieses Elend nicht immer ansehen muss.

In Mildenberg, einem kleinen Ort bei Gransee, hatte ich eine kleine Doppelhaushälfte in mein Angebot übernommen. Aus Altersgründen konnte der Mann keine Treppen mehr steigen – das war aber nötig, denn im Erdgeschoss befanden sich nur Wohnzimmer, Küche und eine kleine Veranda. Um die Selbstständigkeit des Mannes zu erhalten, wurde ein Treppenlift eingebaut. Musste der Mann allerdings dringend auf die Toilette, passierte aufgrund der Langsamkeit des Liftes mitunter ein Malheur. In diesem Fall allerdings war man erfinderisch (was die Käufer jedoch nur bedingt zu Begeisterungsstürmen hinriss): Es wurde nachträglich in die Veranda ein durch einen Vorhang abgetrenntes WC installiert. Nach dem baldigen Verscheiden des Mannes wollte die Witwe aber dann doch nicht mehr in dem kreativ umgestalteten Haus bleiben.

In einem Bungalow hat man mit all diesen Problemen nicht zu kämpfen, das haben besagte junge Leute schon erkannt. Leider vergessen sie dabei, dass ein Grundstück auch Arbeit macht, der Arzt nicht nur im Parterre praktiziert, und wenn man zuhause schon nicht mehr krauchen kann, dann geht es halt einfach gar nicht mehr. So lange sollte man nicht warten. Lieber vorher verkaufen, um die Früchte der mühevollen Arbeit am Haus für das verbleibende Leben noch zu genießen und den Kinder etwas davon mit warmer Hand zu geben, denn sie suchen später für einen das Altenheim aus!

Und dann gibt es noch die ganz Spezifischen. „Es muss unbedingt Hohen Neuendorf sein, wegen der Freunde", aber vor allen Dingen wegen der S-Bahn. Die braucht man schließlich, um zur Arbeit zu gelangen. Hohen Neuendorf aber ist ein weitläufiger Ort, und die Niederheide gehört dazu. Von hier aus sind es etwa drei Kilometer bis zur S-Bahn, und am Wochenende fuhr damals kein Bus. Für Wochenendarbeiter ein Traum! Drei Kilometer können in einem schneereichen Winter eine Menge Spaß bereiten. Aber Hauptsache, man wohnt – laut BVG-Streckenplan und dem Namen nach – in einem S-Bahnort.

Ich hatte in meiner Kundenkartei zwei Interessenten, welche über einen längeren Zeitraum nach einem Grundstück gesucht hatten, welches groß genug wäre, um einigen Ponys dort neuen Lebensraum bieten zu können Da ihr Budget nicht allzu hoch war, blieb ihnen nur die Möglichkeit, im weiteren Umland nach der passenden Immobilie zu suchen. Ende 2010 hatten wir den Erstkontakt bei einer Immobilie in Siedlung II kurz vor Zehdenick. Da das Grundstück allein für die Ponys zu klein war, bemühte ich mich bei den Nachbarn und über den Verkäufer um zusätzliches Kauf- oder Pachtland. Es gelang schließlich, den Besitzer einer hinter dem Haus liegenden großen Wiese ausfindig zu machen, der auch verkaufen wollte. Die Recherche hatte allerdings etwas Zeit in Anspruch genommen. Als ich die erfreuliche Nachricht überbrachte, gab man an, etwas anderes gefunden zu haben.

Wie es der Zufall so wollte, meldeten sich die beiden Anfang 2013, weil wir ein Haus mit sehr großem Grundstück im Umkreis von Gransee anboten, denn der andere Kauf schien wohl nicht geklappt zu haben. Den beiden gefiel es sehr und sie wollten kaufen. Die Ablehnung kam nach einer Woche – es wäre doch zu weit, um von dort aus zur Arbeit zu kommen. Um zu dieser Erkenntnis zu gelangen, benötigten die beiden Ponybesitzer über drei Jahre.

Besichtigungen –
ich sehe was, was du nicht siehst

Wenn mich die Verkäufer bei einer Aufnahme fragen, wie gepflegt denn alles für die Kunden hergerichtet sein müsse, antworte ich immer, dass wir uns nicht in einem Museum befinden und dass die Interessenten ruhig sehen können, dass das Haus bewohnt wird. Einige Verkäufer haben diesen, andere einen anderen Wohnstil, wie jeder weiß. Aber andererseits weiß auch jeder, dass wenn er sein altes Auto verkaufen möchte, es auf jeden Fall nochmal richtig herausgeputzt werden sollte, um einen vernünftigen Preis zu erzielen.

Es gibt aber Verkäufer, denen das alles völlig egal ist. So konnte es passieren, dass die Interessenten sich geruchstechnisch wie in einer Kneipe fühlten beim Betreten der zum Eingang umgebauten Veranda, da dort zahllose leere Bierkästen und Schnapsflaschen standen. Der Besitzer hatte es noch nicht geschafft, diese zu entsorgen – es war das Leergut von Sylvester und wir hatten Mai. Dass die Interessenten im Flur über schmutzige Wäscheberge steigen durften, dass sich im Haus eine Katzenzucht befand, in der mehrere unkastrierte Kater herumliefen und sich überall an den Wänden verewigten, dass auf der Toilette nicht gespült wurde und der Klodeckel offen blieb, dass benutzte Windeln auf dem Esstisch lagen und die übervollen Näpfe für das Hausgetier Haare bekommen hatten.

Insbesondere wenn eine Einbauküche zum Objekt gehört und es insgesamt nicht besonders reinlich aussieht, bitte ich um Vorsicht beim Öffnen der Türen von Kühlschrank, Backofen oder Geschirrspüler. Es könnte schließlich passieren, dass etwas von innen dagegenhält oder mehr Augen herausschauen als hinein.

Bei der Begehung eines Gartens sollte man ganz besonders aufpassen, wenn man in Erfahrung gebracht hat, dass es Hunde gibt – gerade dann, wenn es taut oder der Garten ungepflegt ist.

Bei einem Objekt in Oranienburg führte ich eine Besichtigung für einen kleingewachsenen, jungen Mann durch und bat ihn aufzupassen, wo er hintritt, weil er unbedingt das gesamte, etwas unaufgeräumte Grundstück besichtigen wollte. Es war Tauwetter, der Boden war matschig und an abgetauten Stellen dunkelbraun und ich wusste, dass die Besitzer keine Zeit hatten für Spaziergänge mit ihrem Rotweiler. Als der junge Mann zu mir zurückkam, waren wir beide beinahe auf Augenhöhe, denn er hatte es tatsächlich geschafft, jeden einzelnen Haufen mit seinen tief geriffelten Schuhsohlen einzusammeln. Unangenehm war das auch deshalb, weil die Straße unbefestigt war – es gab also keinen Bordstein, an dem er sich von seinen Souvenirs befreien hätte können. Ich konnte ihm nur empfehlen, die Belüftung in seinem Auto auf die Frontscheibe einzustellen.

Verführung zum Diebstahl

Wenn ich ein Haus aufnehme, weise ich die Eigentümer immer darauf hin, Kleinigkeiten wie Geldbörse, Schmuck, Uhren und Handys aus dem Sichtbereich zu entfernen – also genau da, wo sie normalerweise liegen. Im Alltag kommt man ja meist nach Hause und entledigt sich möglichst schnell allen überflüssigen Krams, den man so mit sich herumschleppt. Wenn im Winter die Kunden zu einer Besichtigung eingeladen sind, kommen sie in Mänteln oder Jacken mit tiefen Taschen. Ich möchte niemandem etwas unterstellen und ich habe es bisher auch noch nicht erlebt, aber Vorsicht ist die Mutter der Porzellankiste.

In einem Bungalow bei Pankow bat ich die Verkäuferin, sich an diese Sicherheitsregeln zu halten. Die Kundin gab mir den Schlüssel und ich konnte flexibel arbeiten. Ich war wie immer etwas früher zu der bevorstehenden Besichtigung eingetroffen und stellte fest, dass hunderttausend Ringe wahllos im gesamten Haus verteilt herumlagen. Wohin nun damit? Ich sammelte alles ein und setzte mich erst einmal hin, um zu überlegen, wo ich den Schmuck nun deponieren könnte. In der Einbauküche? Nein, denn da schauen die Leute auch in die Schränke und Schubladen. Im Nachttisch? Nein, denn wenn ich das der Eigentümerin erkläre oder sie es selbst herausfindet, wird sie mich fragen, ob ich in ihren Privatsachen herumschnüffele. An mich nehmen? Die Menge war so groß, dass es meine Jacketttasche ausgebeult hätte. Und ins Auto legen – nein, wenn die Verkäuferin zufällig vorbeikäme, würde sie sich fragen, ob ich sie beklaute.

Das Wohnzimmer hatte nur eine Sitzgarnitur und im Hauswirtschaftsraum gab es nur offene Schränke, aber im Flur befand sich ein kleines Regal schwedischer Bauart mit kleinen Bastkörbchen. Hier verteilte ich den Schmuck auf mehrere Körbe und verdeckte das Ganze mit dem Kram, der schon darin lag – und was passierte? Die erste Kundin hatte nichts Besseres zu tun, als einen Korb herauszuziehen (mir blieb das Herz stehen) mit dem Ausspruch „ach, das ist ja praktisch!" Ob sie die Ringe gesehen hatte, weiß ich nicht, aber: So leicht kann man sich in Bezug auf Verstecke irren, denn die Neugier der Käufer kennt keine Grenzen.

Völkerwanderung durch das Verkaufsobjekt

Sammelbesichtigungen kennt man in der Regel aus dem Mietsektor; dann marschieren bei einem Termin schon mal hundert Menschen durch die Zweizimmerwohnung. Bei einem noch bewohnten Einfamilienhaus ist das für die Verkäufer sehr unangenehm. Wenn ich aber leergezogene Zwei- bis Dreifamilienhäuser oder leere Bauernhöfe in den unteren Preisklassen habe, dann ist es kein Problem. Es kostet weniger Zeit und man ist schnell fertig, finde ich.

Kaufinteressenten haben mir erzählt, dass so mancher Makler anders denkt, was die Einfamilienhäuser angeht. So kommt es dann vor, dass vier bis acht Familien mit Kind, Kegel und Verwandtschaft durch eine 120-Quadratmeter-Hütte wie durch ein Museum wandern. Der Unterschied ist nur, dass es keine übergroßen Pantoffeln gibt und die Leute, geführt vom Makler, mit ihren zum Teil Hundekacke beschwerten Straßenschuhen über den hellen textilen Belag des Wohnzimmers schlurfen, statt einzeln im Halbstundentakt mit Überziehern alles in Ruhe betrachten zu können.

Gutachten –
nur manchmal als gut zu erachten

Es gibt einige Gutachter, die ihrem Namen alle Ehre machen, unter anderem Bauingenieure oder Architekten, aber auch in dieser Branche gibt es schwarze Schafe. Um Gutachter zu werden, muss man nichts können, es sei denn, man gehört einem Verband an, der prüft, was man so draufhat. Ansonsten kann man sich zum Beispiel auch als gelernter Frisör oder Bäcker als Gebäudegutachter verdingen. Unberührt davon bleiben die staatlich vereidigten Gutachter, die unter anderem für Amtsgerichte arbeiten.

Natürlich hat beinahe jeder Makler oder Verkäufer schon einmal mit dieser Gilde zu tun gehabt. Auch ich habe so einige merkwürdige Typen kennengelernt. Manchmal werden die Gutachter von dem Kaufwilligen mitgebracht, gelegentlich werden sie von der finanzierenden Bank des Käufers beauftragt.

Bei einem Handwerkerobjekt in Stechlin gab der Gutachter, bestellt von der finanzierenden Bank, zum Besten, dass die vier Steckdosen im Wohnzimmer nicht genügten, dass es zeitgemäße Pflicht wäre, in allen Wohnräumen Laminat auszulegen, und dass im Badezimmer statt Tapete Fliesen zu sein hätten. Wie gesagt: Es handelte sich um ein Handwerkerobjekt, wo

Modernisierungen sowieso geplant waren. Das neue Dach sowie die Fassadendämmung und die Kunststofffenster interessierten ihn nicht. Aber seine Bewertung war so schlecht, dass die finanzierende Bank das Objekt daraufhin nicht mehr beleihen wollte. Nach zahlreichen Anrufen und einem zweiten Gutachten gab die Bank das Darlehen endlich frei, aber nicht ohne zusätzliche Auflagen. Dieser Gutachter wurde danach nicht weiter beschäftigt, da es sich bei diesem Fehlurteil nicht um einen Einzelfall gehandelt hatte.

Bei einem älteren Haus im Raum Oberkrämer brachte eine Kundin zur Zweitbesichtigung ihren Experten mit. Wir stellten uns alle einander vor – mit Ausnahme seines Assistenten, welcher wortlos an mir vorbeihuschte. Der Gutachter packte dann umständlich ein älteres Diktiergerät aus und sprach langsam sein Protokoll, beginnend mit dem Ort und den Namen aller Beteiligten inklusive seiner Person, auf das Band.

Und so ging es weiter. Er dokumentierte jeden Schritt peinlichst genau und musste zwischendurch immer wieder die Kassette wechseln. Als wir den Keller erreicht hatten, sollte er mittels eines Prüfgeräts die Feuchtigkeit der einen Wand messen. Bedauerlicherweise hatte er aber kein Prüfgerät dabei, obwohl der Kaufinteressent ihn vorher um diese Maßnahme gebeten hatte. So ein Feuchtemesser ist meines Erachtens ein Muss für einen Gutachter und ist zudem nicht größer als zwei aneinander gelegte Zigarettenschachteln, nimmt also kaum Platz weg. Es hilft aber, um besser kalkulieren zu können, ob zum Beispiel die absolute Notwendigkeit besteht, einen Keller sofort abdichten lassen zu müssen. (In diesem Fall konnte ich herausfinden, dass die feuchte Kellerecke durch ein falsch abgeleitetes Regenrohr entstanden war. Einige solcher Schäden sind hausgemacht und mit weniger Aufwand zu beseitigen, als die Fachfirmen das gerne hätten.)

Als es an das Thema der Dämmung ging, erklärte er, weit ausholend, deren Notwendigkeit und zitierte die neue Energiesparverordnung. Ich müsse ja wohl Kenntnis darüber haben, so meinte er, dass nach der neuen Ordnung nun statt 160 Millimeter Steinwolle 180 Millimeter verpflichtend seien. Dabei sah er mich über den Rand seines schweren Achtzigerjahre-Kassengestells prüfend an. Ich antwortete, dass ich das als Nachweismakler überhaupt nicht wissen müsse und es mir im Grunde genommen völlig Wurst sei, ob auf dem Grundstück ein Effizienzhaus der Güteklasse A+++ stehe oder ein Holzhaus, in dem die Ritzen mit Moos zugestopft sind. Ich hätte natürlich auch im Hinblick auf die Dämmindustrie antworten können, dass die sich an 160 Millimetern nur dumm verdient habe, an 180 Millimetern aber nun endlich dumm und dämlich (da weiß man, was man hat).

Gerade bei älteren Häusern wird oft als Allererstes von den Interessenten festgestellt, dass das Haus noch zu dämmen und dass aufgrund dieser Maßnahme der angesetzte Kaufpreis viel zu hoch sei. Das klingt zunächst unglaublich fachmännisch, aber vor allem zeigt es in vielen Fällen, dass die Interessenten nichts hinterfragen. Ein zur Besichtigung mitgebrachter Energieberater, der von einer Dämmfirma kommt, wird schließlich kaum sagen: An diesem Haus ist alles super. Schnüffelnd zieht er um die Hütte, um dann festzustellen, dass auf jeden Fall Handlungsbedarf bestehe. Schließlich lebt auch er vom Verkauf. Letztlich sollte man erst einmal feststellen, inwieweit seine Empfehlungen Sinn machen – und das kann man in der Regel erst, wenn man einen Winter im Haus verbracht hat. Es sei denn, es handelt es sich tatsächlich um ein Haus mit nur Vierundzwanziger Mauerwerk oder der Energiebedarf liegt im tiefroten Bereich. Dann kann man immer noch rechnen, ob sich eine zusätzliche Dämmung lohnt bzw. irgendwann amortisiert.

Dämmen, bis dass der Tod uns scheidet

Dämmexperten weisen auch gerne darauf hin, dass man bis zu 30 Prozent der Heizkosten nach einer Fassadendämmung sparen könnte. Die Dämmindustrie distanziert sich mittlerweile von dieser Aussage in schönster Regelmäßigkeit, denn die Erfahrungen der vergangenen Jahre sind anders, als man es sich ausgerechnet hat.

Aber spinnen wir den Faden einfach weiter und behaupten, es wäre tatsächlich so. Bei einem normalen, älteren Einfamilienhaus mit 32 bis 36 Zentimeter dicken Massivwänden, in der Größenordnung von 110 Quadratmetern Wohnfläche, verbraucht man für eine Gaszentralheizung inklusive der Warmwasseraufbereitung ca. 16.000 kWh pro Jahr. Die momentanen Gaspreise liegen bei durchschnittlich 6 Cent; damit wären das 960 Euro exklusive der rund 120 Euro Grundgebühr. Zieht man die geschätzten 30 Prozent Ersparnis ab, läge man bei nur 738 Euro pro Jahr. Man hätte, sofern die Gaspreise nicht wie verrückt steigen, also insgesamt 221 Euro gespart. Lassen Sie uns das aufrunden, auch, um eine mögliche Erhöhung der Gaspreise einzurechnen, auf 300 Euro Ersparnis. Würde man das Haus fassadenseitig dämmen lassen, müsste man sich etwa auf einen Gesamtpreis inklusive Putz in Höhe von 15.000 Euro einrichten. 15.000 Euro geteilt durch 300 Euro wären 50. Also hätte sich die Dämmung nach fünfzig Jahren amortisiert. Wie lange lebt denn ein Mensch in seinen eigenen vier Wänden? Ja, es gibt Leute, die in ihren Häusern geboren wurden und dort ihr Leben verbringen bis zum letzten Tag, aber ganz ehrlich: In der heutigen stressreichen Zeit ist man fünfzig Jahre nach dem Kauf in der Regel tot oder lebt im Altersheim.

Etwas anders ist es für die Hausbesitzer, die in der Lage sind, selbst den Putz abzuschlagen, Dämmung anzubringen und anschließend zu verputzen. Bei denen liegt der Arbeitsaufwand inklusive Material bei ca. 4.000 Euro. Sie erleben die Amortisation wenigstens noch. Ein Dach dämmen kann man auch selbst ohne große Vorkenntnisse, denn die Baumärkte halten dafür entsprechendes Infomaterial und den Klemmfilz bereit. Ich erlebe es oft, dass Interessenten mitteilen, dass ein so genanntes Kaltdach noch unbedingt zu dämmen sei. Wofür benötigen überflüssige Tapetenrollen, Koffer oder die Weihnachtsdeko eine Heizung? Wichtig ist doch letztendlich, dass die Wohnräume gedämmt sind. Ja, wenn man den Spitzboden zum Wohnraum ausbauen möchte, dann besteht auf jeden Fall die Notwendigkeit – aber sonst?

Deshalb bin ich bei Äußerungen bezüglich zusätzlicher Dämmung immer sehr zurückhaltend, denn die Vergangenheit hat oft bewiesen, dass man Häuser auch zu Grunde dämmen kann. Oder dass der gesamte Aufwand nur fünf Prozent Ersparnis brachte – mit viel Glück.

Ein Umdenken erfordert manchmal etwas Zeit, und wenn man die Möglichkeit hat, das Haus per Fläche zu beheizen (Fußbodenheizung), eine Brennwerttherme zu installieren und zusätzlich einen Kamin einzubauen, ist es in den eigenen vier Wänden nicht nur viel behaglicher, sondern man spart auch Heizkosten und tut etwas für den Umweltschutz. Aber abgesehen von den langen Amortisationszeiten – wir wissen doch gar nicht, ob es in fünfzig Jahren noch Erdgas gibt. Vielleicht wäre es besser, gleich nach Alternativen zu suchen. Der Markt bietet da schon ganz interessante Dinge wie Erdwärme, Wärmerückluftkopplung, Solar, Brennstoffzelle oder intelligente Holzheizung. Eine unabhängige Beratung lohnt sich, am besten inklusive Thermografie, denn mithilfe der Infrarotkameras kann man schnell feststellen, wie und wo am Haus etwas getan werden sollte. Schon die Erneuerung von Fenstern erbringt oft schon im Folgewinter beeindruckende Einsparungen.

Ablehnungsgründe –
Bulldoggen, Billardtische
und Birkenpollen

Wenn es darum geht, warum ein Haus nicht passt, sind die wenigsten Käufer um eine Ausrede verlegen – und mitunter wird das Irrwitzigste aufgeboten, was der menschliche Geist sich ausdenken kann, wie zum Beispiel: „Nein, danke ... *das Haus steht an einer Straße.*"

Wo sollte ein Haus denn sonst stehen? Es kommt zwar hin und wieder vor, dass man einen Hof in Alleinlage findet. Aber dieser steht in der Regel zumindest an einem Weg – oder an einer ca. 400 Meter langen Zufahrt. Viel Spaß beim morgendlichen Schneeschippen im Winter! Mit einer Schneefräse aus dem Baumarkt kommt man da nicht weit, mit einem Kettenangetrieben Tieflader geht's schon besser. Ansonsten sind Straßen und Wege mal mehr, mal weniger befahren, das ist nun mal so. Wer an einer Spielstraße wohnt, in der nur Schritt gefahren werden darf, kann bestätigen, dass langsame Autos nicht automatisch leise sind.

Beliebt ist die Frage, wie viele Autos denn so pro Tag an dem angebotenen Objekt vorbeifahren. Morgens und abends bestimmt mehr als sonst, aber man hat als Makler kaum die Zeit, sich an den Straßenrand zu stellen und Striche zu machen. Meist ist die Terrasse, auf der man sich im Sommer gerne aufhält, ebenso wie das Schlafzimmer nach hinten raus, also zur von der Straße abgewandten Seite hin ausgerichtet. Aber es gibt tatsächlich Menschen, die mit weit aufgesperrten Löffeln an den Fenstern nach vorne stehen, um dann festzustellen, es sei zu laut. Sie vergessen dabei nur, dass in dem gerade mucksmäuschenstillen Haus ansonsten Radio- oder TV-Geräte laufen, in der Küche irgendetwas brutzelt und man sich nicht nur in Gebärdensprache unterhält.

„Das zum Haus gehörende 2.400-Quadratmeter-Grundstück ist für eine artgerechte Hundehaltung nicht geeignet!" Auf die Frage, was denn für zwei französische Bulldoggen „artgerecht" wäre, bekam ich allerdings keine Antwort.

„Das Wohnzimmer ist für einen Billardtisch zu klein!" Hierbei handelte es sich um eine Wohndiele mit ca. 40 Quadratmetern Fläche. Diese Zimmerart ist nicht uninteressant, wenn man auf monströse Schrankwände verzichten kann, denn eine Diele bietet meist Zutritt zu den restlichen Zimmern des Hauses. Mittig eine große Sitzgarnitur zu stellen ist weniger das Problem, aber es ist eben wenig Platz für Schränke vorhanden, weil die Türen stören. Nur: Dieser Interessent wollte gar nicht sitzen, sondern spielen. Jeder nach seiner eigenen Fasson. Allerdings machen solche Kriterien die Suche nach gebrauchten Häusern eben sehr schwierig.

„Es wurde zu viel im Haus geraucht!" Das ist für einen Nichtraucher natürlich sehr unangenehm. In der Regel tapeziert oder malert man nach dem Kauf ja so oder so neu, aber wenn man eben einen 11-Liter-Farbeimer für 6,99 Euro aus dem Sonderangebot kauft und mit diesem das gesamte Wohnzimmer zu streichen gedenkt, darf man sich nicht wundern, dass es danach immer noch nach Rauch riecht.

Nach Aufnahme eines Hauses bemüht man sich als Makler, das Exposé anschaulich zu gestalten. Dazu gehört auch ein Grundriss. Wenn es keinen gibt, zeichnet man eben einen nach. Schließlich ist es für einen eventuellen Interessenten wichtig, vorab zu wissen, wie die Raumaufteilung ist: Passen die Möbel, wie groß sind Küche, Bad und Wohnzimmer usw. Wenn dann bei der Besichtigung die Ablehnung erfolgt mit der Begründung: „Das Bad ist zu klein!", dann fragt man sich natürlich, wozu man den Aufwand mit den Grundrissen überhaupt betreibt.

Eine Kundin wollte unbedingt nach Hohen Neuendorf. Da ich zu dieser Zeit dort nichts im Angebot hatte, bot ich ihr Bergfelde an, einen Ortsteil von

Hohen Neuendorf. Die Ablehnung kam prompt mit der Aussage, dass Bergfelde ja nicht mal einen *richtigen* Bahnhof hätte. Ich konnte darauf nichts erwidern, aber wozu braucht man denn einen „richtigen" Bahnhof? Wichtig ist doch, dass die Station „Bergfelde" an derselben Bahnlinie liegt, dass wenigstens ein Teil des Bahnsteigs überdacht ist und ... wie lange hält man sich sonst schon dort auf?

Des Weiteren höre ich oft den beliebten Grund „Es ist noch zu viel zu tun" – bevorzugt bei einem Haus mit 150 Quadratmetern Wohnfläche und riesigem Grundstück für 40.000 Euro. Oder auch: die Straße ist zu dicht dran, zu weit weg, nicht befestigt, nicht erschlossen, die Straßenlampe scheint ins Fenster, die Bepflanzung (wie Birken) löst Allergien aus, das Bad ist zu klein, die Schrankwand passt nicht und man kann ja nicht alles wegwerfen, denn diese wurde gerade erst für 13.000 Euro gekauft. Von nicht passenden Möbeln wird übrigens häufig gesprochen. Es wird dabei etwas ganz Wichtiges vergessen, nämlich, dass es sich jetzt nicht mehr um eine Mietwohnung handelt, sondern um das eigene Heim. Und das hat vom Wert her allem anderen gegenüber Vorrang! Was gehört einem denn schon in einer Mietwohnung? Natürlich die Möbel, Fernseher, Stereoanlage und vielleicht die Einbauküche. Der Rest gehört dem Vermieter. Nun kommt man in den Genuss, ein eigenes Haus zu besitzen, in dem man tun und lassen kann was man will. Ich habe mir bei Diskussionen wegen neu gekaufter Möbel den Mund fusselig geredet – es hat selten was genutzt, aber die Erkenntnis kam irgendwann später von allein.

Schön ist es, wenn darauf hingewiesen wird, dass die teuren Markenmöbel alle einen guten Namen haben. Wenn man dann nach Schlüsselübergabe noch ein wenig wartet und der Umzugswagen kommt, sieht man, dass die Käufer recht hatten: Die Möbel haben tatsächlich alle gute schwedische Namen, und die lauten dann Billy, Ivar, Sven und Ingeborg. Selbstverständlich kann man nicht alles wegwerfen, da gebe ich jedem Recht, aber mit ein wenig Geschick lässt sich fast jedes Mobiliar anpassen und so arrangieren, dass es passt. Und gottlob halten die Möbel ja ohnehin nicht mehr so lange wie zu Großmutters Zeiten. Früher oder später muss ohnehin passend gekauft werden kann.

Wehe dem, der solche Freunde hat

Um sich sicherer zu fühlen, bringen viele Kaufinteressenten einen Verwandten oder Bekannten mit, der sich auskennt. Die Begründungen dafür sind dann sehr interessant: Weil die Begleitperson schon Hausbesitzer ist! Aha. Wenn ich also ein Auto oder eine Stereoanlage besitze, müsste ich mich demnach damit auskennen und auf den ersten Blick Qualität beurteilen und Mängel einschätzen können? Oftmals ist es dann leider so, dass der „Experte" eigentlich gar keine rechte Ahnung hat und die Interessenten mit seinem lässig hingeworfenen Halbwissen nur verunsichert.

Um bei Häusern aus der neueren Zeit nicht unnütz zu wirken, werden dann Fragen gestellt wie unter anderem, ob das Dach gedämmt sei. In diesem Fall handelte es sich um ein 1999 erbautes Niedrigenergiehaus, was im Übrigen so im Exposé beschrieben war. Oder ob es sich bei dem Keller um eine weiße Wanne handelt. Zur Erklärung: Eine „weiße Wanne" wird in Gegenden eingesetzt, in denen hohe Feuchtigkeit im Boden besteht; es ist also ein besonders abgedichteter Keller, der wesentlich mehr kostet. In diesem Fall handelte es sich jedoch um ein Hanggrundstück auf Kiesboden, wo die weiße Wanne völlig unnötig war. Aber Hauptsache, es wurde mit Fachausdrücken imponiert. Der Ablehnungsgrund bei diesem Objekt bestand darin, dass irgendwann in der Zukunft der ca. drei Meter breite Weg befestigt werden würde, was mit hohen Kosten verbunden sei. Das könne man sich nicht leisten. Na dann.

Der Winkelbungalow aus dem Jahre 1995 in Nassenheide war ein richtiges Schnäppchen. Der Verkäufer, ein Pharmavertreter, hatte sich etwas zu weit aus dem Fenster gelehnt und war hoffnungslos überschuldet. Es drohte die Zwangsvollstreckung, denn er konnte die nach und nach aufgenommenen Nachrangdarlehen nicht mehr bedienen. Der Schuldenberg hatte sich auf annähernd 240.000 Euro angehäuft; ich hatte das Haus mit einem freihändigen Verkauf vor Zwangsvollstreckung – nach Absprache mit der Bank – für nur 170.000 Euro im Angebot.

Die junge Familie aus Berlin-Schönefeld hatte sich in das etwa 150 Quadratmeter große Haus verliebt und wollte es erwerben. Warum auch nicht? Die Ausstattung war fantastisch: großer Pool, Doppelcarport, schmiedeeiserner Zaun, komplett gepflasterte Einfahrt, großer Heizkamin, moderne Einbauküche und vieles mehr. Aber der Vater, seines Zeichens Maurermeister, sollte das Haus noch einmal begutachten, bevor man sich zum Kauf entschied. An einem Samstag fand die Zweitbesichtigung statt. Nur mit dem Unterschied, dass nicht nur der Vater (welcher im Übrigen kein eigenes Haus besaß), sondern noch sechs weitere „Experten" mit zur Besichtigung kamen. Keiner dieser Leute hielt es für nötig, sich vorzustellen, aber alle gingen mit großem Ehrgeiz ans Werk, um das Haus Stück für Stück für unbrauchbar oder gar unbewohnbar zu erklären. Nur mit großem materiellem und finanziellem Aufwand, so ihre einhellige Meinung, wäre es möglich gewesen, den Bungalow in ein bewohnbares Haus umzuwandeln.

So sah dann auch das Kaufpreisangebot der jungen Familie aus. Für 120.000 Euro würde die junge Familie das Haus erwerben wollen. Es war das erste Objekt, dass sich die beiden Interessenten angesehen hatten; sie hatten also nichts zum Vergleich. Ich gehe davon aus, dass sich beiden nach der Besichtigung anderer Objekte über ihre Kaufpreisvorstellungen gehörig geärgert haben. Der Bungalow fand kurz darauf einen anderen Käufer, der bis heute den Kauf nicht bereut hat – und im Übrigen nur wenig modernisieren musste.

Wenn kein Experte zur Hand ist, wird gern bekundet, dass man ja selbst vom Bau sei. Ich frage dann nur vorsichtig, ob derjenige Architekt oder Bauingenieur ist oder was er auf dem Bau denn tut. „Der Bau" ist schließlich ein sehr weitläufiger Wirtschaftssektor, was bedeutet, dass man als Baggerfahrer oder Straßenbauer nicht unbedingt Ahnung vom Haus haben muss. Zudem müssen selbst Handwerker nicht von allem etwas wissen.

Meiner Erfahrung nach werden Freunde oder Nachbarn, Verwandte oder Bekannte in drei Viertel aller Fälle nur mitgebracht, um mit vehement vorgebrachten Argumenten den Preis zu drücken. Da ich selbst ein Handwerk gelernt habe, hatte ich allerdings immer genügend entgegenzusetzen.

An einem Ständerbauhaus in Malz bei Oranienburg waren eine Mutter und ihre erwachsene Tochter interessiert. Um zu zeigen. dass auch sie etwas wissen, wurden alle Wände im Sockelbereich sorgfältig nach Feuchtigkeit abgetastet. Ich ließ sie gewähren. Als aber die gleiche Prozedur im Dachgeschoss ebenfalls an den unteren Wandbereichen stattfand, konnte ich mir den Hinweis nicht verkneifen, man solle hier lieber an der Decke nach Wasseradern suchen. Es wurde entgegnet, dass man schon viel gesehen hätte. Aber auch bei einem Haus in Holzständerbauweise? Hier würden eher die Wände im Erdgeschoss abfallen, als dass Feuchtigkeit von unten ins Dachgeschoss zieht.

Klopfkäfer auf Haussuche

Interessant ist auch das Klopfen an den Wänden. Es ist, als warteten die Leute auf eine Antwort. Im Kellerbereich älterer Häuser kann das schon mal ganz nützlich sein, denn wenn beim Klopfen der Putz in klebrigen Klumpen herabfällt, kann man mit ziemlicher Sicherheit von einem Feuchtigkeitsproblem ausgehen. Sicherlich kann man im Innenbereich prüfen, woraus die Wand besteht; zum Beispiel in einem Ständerbauhaus aber klingt es logischerweise überall hohl. Am Anfang habe ich diese Tätigkeit bei den Besichtigungen noch kommentiert, es später aber gelassen. Sollen sie doch klopfen, bis ihnen die Knöchel abfallen, herausfinden kann man so schlicht nicht allzu viel. Bei Unsicherheit sollte man lieber einen richtigen Gutachter hinzuziehen, der mithilfe der notwendigen Geräte durch ein einen Millimeter kleines Loch die Welten hinter einer Rigipswand erspähen kann.

Daher mein Hinweis zur Beruhigung aller Interessenten: Es genügt uns Maklern in der Regel ein einfaches „Nein" oder dass dies oder jenes kaufentscheidend wäre. Auch wenn gefragt wird, ob noch andere Immobilien im Bestand sind, wissen wir recht schnell, dass es jetzt und vor Ort eben nicht passt. Aber all die vorangehend genannten Begründungen – herrje.

Als Makler finde ich es durchaus nicht schlimm, wenn der Kaufinteressent den wahren Grund eines „Nein" angibt und der lautet, dass ihm seine Bank nur einen geringeren Kredit gewährt. Der Makler will ja verkaufen; hat er also einmal den Kontakt zu einem Kaufwilligen, bietet er einfach, wenn vorhanden, Alternativen an, die zum Geldbeutel passen. Auch verfügen viele Makler über Kontakte zu guten Finanzdienstleistern, die sich der Sache annehmen und mehrere Banken anbieten können.

Denn die Kreditinstitute arbeiten nicht alle gleich: Die einen lehnen ab, die anderen bieten dennoch eine gute Finanzierung. Einer der Beurteilungsfaktoren sind nämlich die unterstellten Lebenshaltungskosten im Monat. Während die eine Bank davon ausgeht, dass man pro Person 750 Euro zum Leben benötigt, findet die andere 900 Euro gerade so ausreichend. Diese Summen werden dann auf die Kreditrate drauf gerechnet. Bei einer Finanzierung spricht man dann von Über- oder Unterdeckung. Bei Letzerem kann davon

ausgegangen werden, dass man sich nach einer preis-
günstigeren Immobilie umschauen sollte.

Bei einem Haus in Oranienburg wollten die
Käufer unbedingt mit der Finanzierung nach zehn Jahren fertig sein. Es waren junge Leute, bei denen eine
Ein-Prozent-Tilgung ausgereicht hätte, um bis zum
Renteneintritt fertig zu sein. Man wollte aber den Kredit innerhalb einer Dekade erledigt wissen, warum
auch immer. Die Berechnung sprengte natürlich den
Rahmen, weil die monatliche Belastung einfach zu
hoch gewesen wäre. Na dann eben nicht – entweder so
oder gar nicht. Das junge Pärchen zog es also vor, den
Rest ihres Lebens Miete zu zahlen.

Erst der Kredit, dann das Traumhäuschen

Leider denken viele Kaufinteressenten fälschlicherweise, dass wer Miete zahlen kann, auch ein Haus
finanzieren kann. Miete und Hypothekendarlehen sind
aber zwei verschiedene Paar Schuhe, denn einen Vermieter interessiert es nicht, wieviele Kredite jemand
hat, das Kreditinstitut aber schon. Die Warenhäuser
machen es einem ja auch leicht mit Nullprozentfinan-
zierungen oder „jetzt kaufen, später bezahlen". Hat
man heute außer einer Autofinanzierung noch mehrere
Kredite für andere Konsumgüter laufen, rutscht man
im Scoring der Banken weiter ins Abseits. Die Geldin-
stitute glauben dann zu wissen, dass man (zu) schnell

bereit ist, weitere Kredite aufzunehmen, und sorgen sich, dass man den Hauskredit dann vielleicht nicht mehr bedienen kann. Im Übrigen spielt ein Beamtenstatus dabei keinerlei Rolle. Klar, der Beamtensold kommt lebenslang und pünktlich – das führt aber auch dazu, dass sich einige Beamte schneller für einen Kredit entscheiden. Das wissen auch die Kreditinstitute.

Ich empfehle jedem, der mit den Gedanken spielt, sich die beste aller Altersvorsorgen zuzulegen, zuerst bei einer Bank festzustellen, wie viel Darlehen er denn bekommen würde. Ansonsten hat man sich vielleicht bereits in das Haus seiner Träume verliebt und bekommt dann seitens der Bank die Ablehnung.

Einige lassen daraufhin ganz die Finger von ihren Hauskaufplänen – was auch wieder schade ist. Die Angabe der Bank liefert eine Hausnummer, nach der man sich bei der Suche richten kann. Wenn das Kreditinstitut aber einen bestimmten Finanzierungsrahmen erlaubt, heißt das noch lange nicht, dass man den bis zur Schmerzgrenze ausreizen sollte unter der Maßgabe „wir schaffen das schon!". An Häusern geht auch mal etwas kaputt – dafür müssen dann noch Mittel zur Verfügung stehen. Ist das Haus zum Beispiel mit Schweißbahnen gedeckt und es regnet irgendwo durch, wird man die Stelle kaum finden. Das bedeutet, dass dann ein großer Teil mit erheblichem Kostenaufwand neu gedeckt werden muss, und zwar bevor das eindringende Wasser am Gebälk Schaden anrichtet. Auch bei einer nicht mehr reparablen Zentralheizung im

Winter ist aus eigenem Interesse Zügigkeit geboten. In der Mietwohnung informiert man die Hausverwaltung, die dann entsprechende Maßnahmen einleitet. Im eigenen Haus aber ist jeder seines eigenen Glückes Schmied.

Wird ein Kredit gewährt, sollte man mit dem Kauf nicht ewig warten. In der Regel sendet ein Kreditinstitut nach fernmündlicher Zusage die zu unterschreibenden Darlehnsunterlagen per Post und gibt eine Frist zur Unterzeichnung bzw. Annahme vor. Jetzt sollte der Notartermin bereits vereinbart sein, spätestens jedoch kurz nach Absenden der Unterlagen – denn danach hat man noch ein 14-tägiges Widerrufsrecht. Auch wir Makler sind nicht immer genau über den Denkprozess des Verkäufers im Bilde. Wird aus Not verkauft und der Verkäufer erbt plötzlich oder gewinnt im Lotto, könnte es passieren, dass er das Haus behalten will. Oder es kommt plötzlich jemand aus der Verwandtschaft, der mehr bietet. Hält sich der Käufer nicht an diese Fristen, kann es passieren, dass er auf einem Kredit sitzt, aber das Haus nicht kaufen kann.

Ich weise meine Käufer grundsätzlich darauf hin, dass sie sich an diese Fristen halten sollten – vor allen Dingen dann, wenn das Objekt zu einem niedrigeren Preis gekauft werden kann.

Leider habe ich es schon oft erleben müssen, dass mich Interessenten nach Immobilien gefragt haben, die bereits einen Kredit hatten, aber kein Haus dazu, das sie erwerben konnten. Den Kredit einfach zu kündigen könnte aufgrund der nun zu zahlenden Vorfälligkeitsentschädigung ein teures Unterfangen werden. Also zahlen diese Kreditnehmer die Bereitstellungszinsen zusätzlich zur Miete und suchen angestrengt nach Ersatzimmobilien. Die sind dann aber leider nicht mehr das Traumhaus.

Käufer und Verkäufer – Leute gibt's!

Im Verkaufsprozess lernt man die unterschiedlichsten Typen kennen, und immer wenn man glaubt, schon alle zu kennen, kommt etwas Neues dazu.

So lernte ich auch den „Mörder von Leegebruch" kennen. Mit Schaudern erzählten mir andere ältere Einwohner von dem Mann, der angeblich seine Frau umgebracht habe und dann wochenlang unter seinem Bett versteckte. Ein netter Endsechziger mit gleichaltriger Freundin empfing mich zur Aufnahme und zeigte mir den einfach gestalteten Bungalow. Sie erzählten mir, dass sie von 800 Euro Rente lebten und deshalb mit dem Einfachsten auskommen müssten. So hatte das Haus Ofenheizung, für das Warmwasser nutzte man einen Badeofen und die Einrichtung stammte ebenso komplett aus DDR-Zeiten wie die Kleidung, die beide trugen. Er lief im blauen Schlosseranzug herum, sie in der allseits bekannten Kittelschürze. Kohle und Holz sind teuer, und wenn der örtliche Gemüseladen seine Lagerbestände ausräumte, waren die kleinen Holzkisten ideal, um Anfeuerholz daraus zu machen. Die einzelnen Brettchen wurden dann zum Trocknen auf den betonierten Weg ausgelegt, auch dann, wenn es eine Besichtigung gab. Immer wieder wiesen mich die Verkäufer darauf hin, dass man den Mindestpreis in Höhe von 100.000 Euro auf jeden Fall haben wolle, um auch mal ein Stückchen vom Luxus abbeißen zu können. Der Preis war zwar nicht ganz angemessen, aber es handelte sich um ein Eckgrundstück, bei dem jeder Quadratmeter Bauland war. Nach rund 30 Besichtigungen fand ich einen Käufer, welcher sich für den Bungalow und das vollgerümpelte, massive Nebengelass interessierte. Zu dem Vorwurf des „Mörders" sagte der Eigentümer nur, dass er in der Vergangenheit mal Mist gebaut hatte, aber die Frau habe dazu auch allen Anlass gegeben. Ich fragte lieber nicht weiter.

Als der Käufer nach der Kreditzusage seiner Bank das Anwesen noch einmal besichtigen wollte und um einen Termin bat, teilte mir der Verkäufer mit, dass er an genau dem Wochenende seine Verwandte am Bodensee besuchen müsse und deshalb nicht da sei. Der wahre Grund war allerdings, dass sich die beiden dort eine Eigentumswohnung direkt am See kauften. Von den zu erwartenden 100.000 Euro Verkaufserlös etwa? Natürlich nicht! Wie ich später erfuhr, hatte der Mann noch ganz andere Ländereien in Leegebruch verkauft und den üppigen Erlös auf einem Schweizer Bankkonto gewinnbringend deponiert. Von wegen arm! Nach Auszahlung des Kaufpreises zogen die beiden Alten sofort an den Bodensee. So verlor Leegebruch seinen ominösen „Mörder".

Pferdefreunde suchen in der Regel nach Bauernhöfen mit vielen Stallgebäuden. Die gibt es noch zuhauf, aber leider fehlt im Speckgürtel von Berlin das nötige Weideland dazu. Nach dem Mauerfall kauften oder pachteten die Leute von den ehemaligen Landwirtschaftlichen Produktionsgenossenschaften (LPG), die nun eigenständige Agrarfirmen waren, alles, was sie bekommen konnten. Einem Großteil der ehemaligen Bauern, denen ihr Land nun rückübereignet wurde, war das egal, denn sie waren oft schon zu alt, um noch Landwirtschaft zu betreiben. So bekommt man dann so manchen schönen Vierseitenhof mit 3.000 Quadratmetern Land angeboten – das ist oft nur ein Streifen rund um die Gebäude. Für jeden Pferdebesitzer zu wenig, denn er will seinen Lieblingen mehr bieten als den Ausblick aus den Boxen.

Auch beim Bauernhofverkauf trifft man auf die interessantesten Menschen. Wir leben in einer modernen Zeit und sind es nicht mehr gewohnt, dass uns beim Abendbrot in der teuren Landhausküche die Mäuse und Ratten bei jedem Bissen zugucken. Andere zieht es aber genau da wieder hin nach dem Motto: zurück zur Natur!

Bei einem Bauernhof mit tatsächlich knapp 5.000 Quadratmetern Land hatte ich eine Besichtigung mit einem Ehepaar, welches von der Küche aus einen Durchbruch zum anliegenden Pferdestall machen wollten. Man muss dazu erwähnen, dass es sich bei dem Wohnhaus um einen umgebauten Kuhstall handelte. Man hatte den größeren Teil zur Wohnung umgebaut und beließ den Rest als Stall. Das Ergebnis war ein Wohnzimmer mit amerikanischer Küche mit insgesamt 98 Quadratmetern fußbodenbeheizter Fläche.

Das Pärchen suchte nun nach der Möglichkeit, die eigenen Pferde von Wohnzimmer oder der Küche aus durch eine große Fensterscheibe ständig betrachten zu können und erwog gleichzeitig, eine Tür von der geräumigen Küche aus zum Stall einzubauen. Der Platz hätte genügt. Bei jedem Öffnen der Tür aber wären nicht nur gigantische Fliegenmengen, sondern mit Sicherheit auch andere Bewohner des Stalles in die Küche gekommen.

Mit Schaudern dachte ich an den Bauernhof meiner Oma und die netten Klebestreifen, die dick beklumpt mit Fliegenleichen von der Zimmerdecke herabhingen. In den Neubauernhöfen war es noch üblich, dass es eine Tür zum Stall gab, wo sich auch die Hühner befanden – aber heute? Jedem Tierchen sein ...

Umfeld –
wenn's dem bösen Nachbarn
nicht gefällt ...

Zu DDR-Zeiten half man sich noch untereinander. Dafür gab es in den Gärten das eine oder andere Türchen zum Nachbarn. Fuhr man zum Beispiel in den Urlaub, kümmerte sich der Nachbar um die Anpflanzungen und sorgte für das liebe Vieh. Heutzutage gibt es das auch hin und wieder, wenn man sich gut versteht – ansonsten sollte man sich hüten, die Hand über den Zaun zu halten. Es geht um das Miteinander wie beim Leben in der Stadt auch. Mit dem einem kommt man gut aus, mit dem anderen eben nicht. Und im schlimmsten Fall hilft nur: ausziehen.

Ich hatte mal ein Haus in Biesenthal in meinem Portfolio. Die ehemalige Wochenendhausanlage wurde nach der Maueröffnung wie vielerorts zur Eigenheimsiedlung. Früher saß man mit der halben Siedlungsgemeinschaft am Samstagabend zusammen und soff, und jeder half dem anderen, wo und wie er nur konnte. Es war im Großen und Ganzen ein schöner Zusammenhalt. Nach der Wende konnten die Wochenendgrundstücksbesitzer, bedingt durch das Modrow-Gesetz, ihre Grundstücke preisgünstig erwerben. Der Hausbau begann. Als Erklärung für die Bewohner der alten Bundesländer: Zu DDR-Zeiten besaß man kein eigenes Land; alles Land war Volkseigentum. Es gab ein Hausgrundbuch und separat ein Grundstücksgrundbuch. Somit gehörte einem nur das Haus, in dem man wohnte.

Im Zuge der Bautätigkeit mussten die Grundstücke eingemessen werden, und dadurch kam es zu Streitigkeiten der besonderen Klasse. Da stand dann schon mal der Schuppen zu einem Viertel auf dem Nachbargrundstück oder die Grenze verschob sich um einen halben Meter.

Eigentlich nicht weiter schlimm, wenn man vernünftig miteinander reden kann. Da aber nicht jeder seine Arbeit behielt, weil viele Firmen geschlossen wurden, war das Geld vielerorts knapp. Dann konnte eben ein Nachbar ein schönes großes Haus bauen und der andere nicht. Missgunst und Neid entstanden; die früher vorhandene Einigkeit war wie weggeblasen. Wegen lächerlicher fünfzehn Zentimeter wurde nun bis aufs Blut gestritten und so mancher Rechtsanwalt verdiente sich dumm und dämlich. Nach Beendigung der juristischen Streitfälle blieb der Hass aufeinander.

In unserem Fall ging es um ein schönes Häuschen, bei dem der Nachbar Psychoterror betrieb. Die Verkäufer, ein Paar in den besten Jahren, waren in der glücklichen Lage, dass nur einer arbeiten musste. Hier war es der Mann. Die Frau war zuhause, genau wie der Nachbar, der das Haus sowie den Garten permanent beobachtete. Die Frau erzählte, dass sie den Blick des Nachbarn oft im Rücken spürte und, wenn sie sich umdrehte, die Bestätigung fand.

Da es sich um ein Hanggrundstück handelte, ließ sich der Zaun auch nicht so einfach mit Sichtschutzelementen schließen, zumal es noch ein Gesetz gab, dass ein dichter Zaun nicht höher als 1,80 Meter sein durfte. Die Frau war bereits in psychologischer Behandlung. Kein Reden mit dem Nachbarn brachte Erfolg. Mit den Nerven am Ende entschieden sich die Eheleute schließlich, ihr Haus zu verkaufen.

Nicht viel besser war die Lage in Hohen Neuendorf. Die junge Frau hatte sich von ihrem Mann getrennt, war aber noch in der Lage, die monatlichen Belastungen alleine zu tragen. Sie wohnte in einem Hammer. Nach der Wende entschlossen sich viele Grundstücksbesitzer, ihre Grundstücke zu teilen, um Geld damit zu verdienen. Die durchschnittlichen Grundstücke haben eine Breite von 16 bis 20 Meter. Deshalb entstanden die so genannten „Hammergrundstücke", bedingt durch die querliegende Teilungsgrenze. Um das hintere Grundstück zu bebauen, musste eine Zufahrt geschaffen werden, unter der auch alle Medien verlegt werden konnten – es entstand ein so genanntes Geh-, Fahr- und Leitungsrecht. Der Fachjargon lautet: „Das Grundstück liegt in der vorderen bzw. in der hinteren Reihe". Schaut man auf den Lageplan, sieht man die Form eines Hammers mit langem, schmalem Stiel. Der Altbesitzer auf dem vorderen Grundstück hatte Probleme mit seiner Frau, die ihm verbot, im Haus zu rauchen. So richtete er sich hinter dem Haus eine Sitzecke mit einem Billig-Pavillon ein. Dort saß er nun permanent, sommers wie winters, wie ein Pförtner, um Bier konsumierend zu rauchen und das Haus im Hammer zu beobachten. Holte die Frau ihre Tochter vom Bahnhof ab, musste jedes Mal das Tor nach dem Ausfahren geschlossen werden. Die Fahrt zum Bahnhof und zurück dauerte nur wenige Minuten, aber trotzdem bestand man im vorderen Haus energisch darauf, dass die Einfahrt zu schließen sei. Viele böse Worte wurden gewechselt. Wenn Besuch kam, wurde dieser angepöbelt. Dafür gab es natürlich keine Umschreibung im Exposé; nur bei der Besichtigung den Hinweis, dass man sich mit dem Besitzer des vorderen Grundstücks vielleicht irgendwie einigen könne.

Bei einem Termin stand ich mit dem Pkw vor dem Grundstück und der alte Herr, mich anstarrend, am Zaun. Ich beobachtete ihn versteckt über den Rückspiegel, weil ich keine Lust hatte, mich mit ihm zu unterhalten. Da ging er zur Grundstücksgrenze, wo sich die gemeinsame Auffahrt befand, um sein Wasser in die dort wachsenden Büsche abzuschlagen. Mir standen meine wenigen verbliebenen Haare zur Berge.

Man stelle sich vor, es wäre zu diesem Zeitpunkt der Interessent gekommen! Die Sache hatte sich für mich erledigt. Dennoch fand ich wunderbarerweise jemanden, der das Haus kaufte und, man höre und staune, sich mit dem „Pförtner" gut verstand. Und bei all dem hätte die Antwort der Verkäufer und Nachbarn auf die Frage, wie es denn um die Nachbarschaft stehe, zu jedem Zeitpunkt gelautet: Alle sind wahnsinnig nett!

Nicht zuletzt sollte aber auch man nicht vergessen, dass man sich Nachbarn mit kleinen Geschenken wie ab und an einer Kiste Bier durchaus „erziehen" kann. Gelingt das nicht, bleibt immer noch die letzte Alternative: hohe Zäune oder Hecken. Das ist allerdings nur bei freistehenden Häusern möglich – bei Reihen- sowie Doppelhäusern gestaltet es sich etwas schwieriger. In Reihenhaussiedlungen wohnen noch dazu oft gar nicht die Eigentümer in den Häusern, sondern sie vermieten sie. Da kann es schon mal passieren, dass Familie Flodder nebenan wohnt.

In einer Siedlung bei Germendorf wartete ich auf einen Interessenten, weil dort ein Reiheneckhaus zum Verkauf stand. Ich war zu früh und blieb wie immer im Auto. Mit Blaulicht kam ein Polizeifahrzeug um die Ecke, um aus dem Mittelhaus gegenüber einen jungen Mann mit rasiertem Kopf in den Wagen zu zerren, umringt von der laut zeternden Großfamilie. Meine Kunden kamen zum Glück erst, nachdem die Polizei wieder abgefahren war – ich kann mir nicht vorstellen, dass sie diesen Vorgang schön gefunden hätten. Gekauft hat das Haus dann ein Polizeiobermeister, welcher sich mit solchen Siedlungen gut auskannte. Bei der Schlüsselübergabe war die Großfamilie gegenüber bereits ausgezogen, aber wer weiß schon, wie die nächsten Bewohner so drauf sind.

Es ist und bleibt eben immer ein gewisses Risiko mit den lieben Nachbarn. Hat man sich mit dem netten Mann von nebenan verstanden, zieht er aus welchen Gründen auch immer weg, und was erwartet einen dann? Abwarten und Tee trinken – oder die Tierheime nach besonders großen Hunden durchforsten sowie dem örtlichen Schützenverein beitreten. Natürlich nur zur Sicherheit

Wo ein Wille, da ein Eigenheim!

Die erste Besichtigung mit der jungen fünfköpfigen Familie fand in einer Doppelhaushälfte in Margaretenhof dicht bei Gransee statt. Da sich die Kaufpreismöglichkeiten auf nur rund 50.000 Euro beschränkten, war die Auswahl im nahen Umkreis nicht allzu groß. An dem Haus, einem halben Bauernhof, gab es aber einfach zu viel zu tun, ein schneller Einzug war daher nicht möglich. Zu diesem Zeitpunkt hatte mein Maklerbüro auch noch ein Stadthaus in Zehdenick im Angebot, in das man bei nicht zu hohen Ansprüchen an Komfort sofort hätte einziehen können. Es war das Haus einer 87-jährigen Frau. Sie war bereits darin geboren worden, konnte aber jetzt den Alltag nicht mehr stemmen. Ungeachtet der Tatsache, dass ich es etwas merkwürdig fand, dass eine Familie mit drei Kindern, die in Berlin-Lichtenrade, also im südlichsten Teil von Berlin, wohnte und arbeitete, ausgerechnet im Norden suchte, führte ich eine Besichtigung in Zehdenick durch. Das Haus gefiel und man wollte es kaufen. Ich empfahl unseren Finanzmakler, der nach Eingang der Unterlagen aber mitteilte, dass eine Finanzierung nicht durchführbar sei wegen eines Schufa-Eintrags bei der Ehefrau. Schade, dachte ich zunächst.

Der Mann aber wollte unbedingt das Haus haben, und so beschlossen sie kurzerhand die Scheidung. Die Ehefrau brachte ohnehin nicht viel in die gemeinsame Kasse ein und die Kinder waren von ihr – also blieb es ein rein formaler Akt. Während dem gesamten Prozedere, dessen Ausgang mehr als ungewiss war, war kein anderer Käufer gefunden worden. So konnte die Familie das Zehdenicker Haus erwerben. Der Sohn der Verkäuferin erzählte mir etwas später im Rahmen eines anderen Auftrags, dass die Familie das gesamte zusammengewürfelte Mobiliar inklusive der alten Couchgarnitur und der gefühlt hundert Jahre alten Ehebetten der alten Frau übernommen hatte. Alles für dieses Haus.

Schicksale –
vom Traum- zum Alptraumhaus

Nicht nur, wenn es um den Verkauf von Häusern älterer Bewohner geht, wird man mit Krankheit und Tod konfrontiert. Auch Jüngeren kann dies jederzeit widerfahren: Sie verlieren den Partner oder die Partnerin oder müssen verkaufen, weil der Lebensgefährte zum Pflegefall wird.

Wenn man als Makler zu einem Objekt kommt, wo der Ehepartner verstorben ist, geht man am besten nicht weiter darauf ein. Man erlebt zwar Tränen und Leid mit, aber es bleiben ja dennoch Fremde. Man ertappt sich dann natürlich bei den sinnlosen Standardfloskeln – aber was soll man auch anderes machen? Trotzdem erkundige ich mich, woran derjenige gestorben ist. Am allerliebsten ist mir die Antwort: an Altersschwäche. Aber es gibt auch Fälle, wo jemand im Sterben liegt und während oder kurz nach dem Verkauf verscheidet. Am unangenehmsten ist es dann, wenn dieser Mensch in den besten Jahren war.

In Oranienburg sollte ich ein schönes Haus verkaufen, gebaut in Holzständerbauweise. Die verheirateten Eheleute hatten sich dazu entschlossen, auszuwandern, die Tochter war erwachsen – also wozu das Haus behalten? Nach wenigen Besichtigungen war ein Käufer gefunden und der Verkauf sollte abgewickelt werden. Ich weiß es noch wie heute. Ich rief an einem Montag an, um den Termin zur Beurkundung abzusprechen. Ans Telefon ging die Tochter, die ab und an bei den Eltern war. Auf meine Bitte, mit der Mutter sprechen zu dürfen, antwortete die junge Frau mit zitternder Stimme: „Meine Mutti ist tot."

Ich war zutiefst erschrocken und vergewisserte mich schnell, dass ich auch wirklich die richtige Nummer gewählt hatte. Leider musste ich feststellen: Es war die richtige. Ich sagte hilflos, das könne nicht sein, ich hätte ja am Freitag noch mit der Mutter telefoniert ... als ob es damit was zu tun hätte. Unter Tränen berichtete die Tochter, dass die Mutter am Sonntagmorgen nicht zum Frühstück heruntergekommen sei und man gedacht habe, sie schliefe noch. Die spätere Obduktion ergab eine Gehirnblutung – etwas, bei dem der Tod kein Alter festlegt.

Einen Tag benötigte ich, um einigermaßen zur Besinnung zu kommen, dann schrieb ich einen langen Brief an die Hinterbliebenen, um ihnen mein tiefes Mitgefühl mitzuteilen. Denn auch, wenn der Kontakt zu dieser Familie letztlich nur geschäftlich gewesen war – getroffen hatte es mich schon.

Die Tochter rief mich kurz darauf an, weil der Witwer, ihr Vater, in dem Haus nicht mehr wohnen wolle, da irgendwie in jedem Winkel seine Frau war. Wir konnten das Haus etwas verspätet an die ursprünglichen Interessenten verkaufen, die auch sehr betroffen waren, denn sie hatten die hübsche, lebenslustige Frau ja bei der Besichtigung kennen gelernt.

Aufgrund meines mitfühlenden und umsichtigen Vorgehens in diesem Fall wurde ich einige Zeit später vom Witwer für einen weiteren Hausverkauf aus dem gleichen Grund in Französisch-Buchholz empfohlen.

Die Eheleute waren erst um die vierzig, da hatte den Mann das Schicksal ereilt. Die Frau wollte nicht mehr allein in dem Haus wohnen, das sie sich gemeinsam aufgebaut hatten. An den Wänden hingen bei der Aufnahme noch zahllose Fotos aus den glücklichen Zeiten davor. Sie hatte nichts geändert und wollte nur noch so schnell wie möglich weg.

Aber auch Krankheit ist leider häufig ein Grund zum Verkauf. In Germendorf hatte ich einen kleinen Bungalow im Angebot, in welchem ein Ehepaar wohnte. Es war alles sehr gepflegt und der kleine Garten eine Augenweide. Die Frau hatte wirklich einen grünen Daumen und dort ein kleines Paradies geschaffen. Auch hier schlug das Schicksal zu in Form einer Krankheit, die den Ehemann erst an den Rollstuhl fesselte und später ans Bett. Das Haus war ebenerdig, aber der Mann benötigte Hilfe, die die Frau neben ihrer beruflichen Tätigkeit zusammen mit der Arbeit an

Haus und Garten einfach nicht schaffen konnte. Schweren Herzens mussten die beiden sich von Haus und grünem Paradies trennen.

Vor Ort –
aus dem Nähkästchen geplaudert

Einige sehr private Geschichten bekommt man als Makler während der Verkaufsaktivitäten schon zu hören. Von den „Trennungspärchen" abgesehen, die gerne Geschichten weit unter der Gürtellinie über die ehemalige „große Liebe" erzählen, sind es überwiegend die älteren Leutchen, die ins Reden kommen. Wenn es sich um preisgünstigere Handwerkerobjekte handelt, finden in der Regel ein paar mehr Besichtigungen statt, sodass man sich immer besser kennenlernt. Dann sitzt man im Haus, um auf die Käufer zu warten, und es wird einem einiges aus dem Nähkästchen erzählt, wie: „Meine Familie war die anständigste im ganzen Ort, alle anderen waren böse – eigentlich sogar Verbrecher oder Diebe ..." Ein paar Besichtigungen später wird dann unter Tränen berichtet, wie es wirklich war. Man denkt sich nunmal gern ein neues Leben aus, wenn der Mann betrügt, der Sohn hintergeht und die Tochter sich nur dann zum Einkauf oder bei Arztterminen blicken lässt, wenn sie Geld dafür bekommt – obwohl man ihr schon ein Auto geschenkt hat.

Bei dem Verkauf eines kleinen Hauses nahe Gransee erzählte mir die Frau, wie stolz sie doch auf ihre erwachsenen Kinder sei und dass ihr Mann nichts tauge; sie könne sich nur auf ihre Familie verlassen, denn die sei immer für sie dagewesen. „Vor allen Dingen, wenn es etwas zu feiern gibt!", warf der Mann ein und wurde daraufhin barsch nach draußen in die Kälte geschickt.

Etwa drei Monate nach dem Verkauf – die Käufer hatten den Kaufpreis bereits auf dem Anderkonto hinterlegt und die Schlüsselübergabe war vollzogen – rief mich die Verkäuferin an und fragte, wann das Geld aus dem Verkauf nun endlich käme. Ich antwortete ihr, dass der Notar das sagen könne, und wies darauf hin, dass die Grundbuchämter etwas länger brauchten. Ich fragte, ob es Schwierigkeiten gäbe. Ihre kleinlaute Antwort war, dass sie zwischendurch im Krankenhaus gewesen sei und ihren Kindern für alle Fälle die gemeinsame EC-Karte gegeben hatte, da sie ihrem Mann nicht trauen konnte. Als Ergebnis hatten die lieben Kinder das Konto komplett abgeräumt und den Dispo ausgereizt, sodass sie die Miete nicht mehr bezahlen konnte und andere Rechnungen ebenfalls offen blieben. Zwar ging die – noch dazu höhere – Rente ihres Mannes auf das Konto ein. Aber aufgrund der wohl schon jahrzehntelangen Maßregelung durch seine Frau hatte er es nicht gewagt, ihr Paroli zu bieten, obwohl er das Ende schon kommen sah.

In einem anderen Fall hatte ich ein kleines Zweifamilienhaus in Nassenheide im Angebot. Im

Erdgeschoss wohnte die Mutter und im Obergeschoss der Sohn, welcher Hartz IV bezog. Er lebte auch zum Teil von Mutters Rente und ließ es sich gutgehen.

Er hatte sich nur noch bemüht, einen Mietvertrag aufzusetzen, damit noch mehr Geld in sein Portemonnaie floss. Mutter bezahlte alles – das Heizöl, den Strom, alle anderen Nebenkosten, übernahm alle Reparaturen am Haus und sah von der Miete keinen Cent. Und sie sah auch nicht viel vom lieben Sohn, der aus besseren Zeiten noch ein Auto hatte. Mutter durfte sommers wie winters alle Einkäufe und Arzttermine mit dem Fahrrad erledigen. Bis nach Oranienburg sind es von Nassenheide hin und zurück vierzehn Kilometer – und das für eine knapp achtzigjährige Frau! Ließ er sich bei schlechtem Wetter doch zu einer Fahrt überreden, wenn es mit dem Fahrrad eben nicht ging, ließ sich das liebe Kindlein das gebührend honorieren.

Ab und zu sprangen die in Berlin lebenden Brüder für den einen oder anderen Termin ein, weil der vor Ort lebende Sohn keine Zeit an diesem Tag hatte, beispielsweise wegen einer Tour in die Pilze (von denen die Mutter natürlich nichts abbekam). Die alte Frau hatte von der Undankbarkeit den Hals voll und entwickelte sogar einen gewissen Hass auf ihren Sohn. Aber nach dem Verkauf und der damit verbundenen Auszahlung des Kaufpreises war alles vergessen. Großzügig verzieh sie dem undankbaren Sohn und verschenkte gerecht je über 10.000 Euro an alle Nachkommen. Wozu die Mutterliebe einen bringt ...

Bei einem Hausverkauf in Berlin-Buchholz
war der Fall nicht unähnlich. Beide Verkäufer hatten
ihrem einzigen „Göttersohn" alles gegeben. Der Sohn
war vor der Wende verheiratet gewesen und hatte ein
Kind gezeugt. Kurz vor dem Mauerfall machte er eine
Stippvisite nach Westberlin über den Umweg Ungarn
und ließ von da an nichts mehr von sich hören. Die lieben Eltern kümmerten sich derweil um die verbliebene
Schwiegertochter nebst Enkel und verdammten den
Sohn. Auch nach der Maueröffnung kam es zu keinem
größeren Kontakt; die Ehe des Sohnes wurde geschie-
den und er kümmerte sich auch fortan kein Stück weit
um seine Eltern. Wegen Krankheit des Vaters wurde
2010 entschieden, das gemeinsame Haus zu verkaufen.
Den Hinweis, dass der Sohn keinen Pfennig aus dem
Erlös bekommen sollte, hatte ich bei den Besichtigungen immer wieder hören dürfen. Bald war ein Käufer
gefunden. Während der Verkaufsabwicklung verstarb
der Mann, und plötzlich bekundete der Sohn wieder
Interesse. Die Auszahlung des Kaufpreises hing nun
auch von ihm ab, denn er war der Erbe des verstorbenen Vaters und der Pflichtanteil stand ihm zu. Durch
den Verkauf des gemeinsamen Autos – die Witwe hatte keinen Führerschein – wurde das Geld für die Beer-
digung erzielt.

Der als Casanova berüchtigte Sohn aber benötigte
Bares und drückte nun seiner Mutter, die den Tod ihres Mannes noch lange nicht verkraftet hatte, die Pis-
tole auf die Brust: Entweder bekäme er seinen Pflicht-

anteil sofort oder er unterschreibe nichts, und dann wäre es zu keiner Kaufpreisauszahlung gekommen. Die Mutter stimmte zu, zahlte und hasste ihren Sohn nun noch mehr. Aus dem Kaufpreis flossen nach Ablösung eines Kredits noch etwa 90.000 Euro an die Mutter. Erneut wurde der Sohn hellhörig. Nach seinen erpresserischen Aktivitäten musste sich das Söhnchen aber erst einmal für drei Wochen in Thailand erholen. Die Frau rief mich eines Abends an: Ihr Sohn säße wohl wegen einer Straftat in einem thailändischen Gefängnis und käme nur frei, wenn die Mutter ihm die Ablösesumme in Höhe von 7.500 Euro überweisen würde. Ich wies sie darauf hin, dass er doch eigentlich nichts hatte bekommen sollen, und dass es für mich eher klänge, als wollte Sohnemann sich eine Urlaubsverlängerung finanzieren lassen. Letztendlich überwies sie die geforderte Summe aber doch.

Zurück in Deutschland überredete er seine Mutter, in seine Nähe zu ziehen, damit er sich besser um sie kümmern könnte. Das Ende vom Lied dürfte für jeden vorhersehbar sein: Der Sohn sorgte dafür, dass ein Großteil des Geldes in seine Tasche floss – unter anderem, um einen dicken BMW zu kaufen. Das große Auto benötigte er ohne Frage, wie sollte er sonst seine Mutter mit Würde zum Arzt fahren? Und damit sie auch ja pünktlich zu ihren Terminen kam, gönnte er sich gleich noch eine Rolex. Den Rest verprasste die Mutter für dubiose Anschaffungen, auch für einen Pachtgarten, in den während einem Krankenhausaufenthalt von ihr eingebrochen wurde und alles gestohlen, was irgendwie von Wert war. So wurde mithilfe des Sohnes der gesamte Verkaufserlös innerhalb kurzer Zeit durchgebracht, und bald durfte die alte Frau wieder genauso sparsam leben wie zuvor.

Allerdings muss ich darauf hinweisen, dass ältere Hausverkäufer in der Regel eher vor dem Problem stehen: Was tun mit dem ganzen Geld? Vielleicht hatte man das Haus geerbt, hatte umgebaut und modernisiert, hatte sich vieles vom Munde abgespart, wenig verdient und sich nichts geleistet – und nun steht man plötzlich da mit einem Paket Geld.

Aber keine Angst, die lieben Kinder und Enkel wissen sehr genau, was man damit machen kann! Und sie tischen bei Unschlüssigkeit der Eltern gern die eine oder andere Mär auf, um der Kohle habhaft zu werden. Und als Makler erlebe ich viele dieser Geschichten hautnah mit.

Um gebrauchte Häuser in mein Angebot aufnehmen zu können, nutze ich viele Wege, und auch dabei kommt es mitunter zu spannenden Gesprächen. Einer dieser Wege waren Postwurfsendungen, die ich oft allein durchführte, teils auch aus Sorge, der Verteiler könnte das ganze Paket selbst entworfener Flyer in der Papiertonne entsorgen. Nach einer solchen Aktion erhielt ich einen Anruf von einem Hausbesitzer, der mich erbost fragte, wie ich denn auf den unverschämten Einfall kommen könnte, er wolle sein schickes, sehr gepflegtes Traumhaus verkaufen, es gäbe keinen Grund und keine Notwendigkeit für ihn, sich davon zu trennen.

Nun, zunächst hatte ich ihm ja mit meinem Flyer nur ein Angebot gemacht. In diesem Fall aber wären wir dann wieder beim Thema „Fassade". Ich gab ihm freundlichst zu verstehen, dass ich aus Erfahrung wüsste, dass gerade in den gepflegtesten Häusern hinter heruntergelassenen Vorhängen des Abends die Messer gewetzt werden – daher würde ich mich durch den Anschein nicht blenden lassen und auch die Besitzer solcher Objekte ansprechen. Es folgte eine einstündige angeregte Unterhaltung, in der auch er mit verschiedenen Beispielen aus der Nachbarschaft, von den Kollegen und auch aus der eigenen Familie aufwarten konnte – Geschichten aus dem Nähkorb eben. Wie es der Zufall so wollte, habe ich zwei Jahre später sein Haus verkauft, um seinen Besitz vor der immer gieriger werdenden Frau und deren Familie zu retten.

Der Makler –
das (un)geliebte Wesen

*I*mmer wieder wird über meinen Berufsstand hergezogen. Die Makler seien frech, faul und verdienten zu viel Geld für das, was sie tun. Auf den einen oder anderen mag das möglicherweise zutreffen, aber in den vergangenen Jahren hat sich der Immobilienmakler mehr und mehr zum Rundum-Dienstleister entwickelt.

Bei einer Besichtigung in Schönfließ sagte mir eine Kundin sehr deutlich, was sie von meiner Branche hielte: ein Exposé geschrieben, ein paar Besichtigungen durchgeführt und einen Haufen Kohle dabei verdient. Ich fragte, was sie denn so mache, um Geld zu verdienen. Sie gab nicht ohne einen gewissen Stolz zur Antwort, dass sie als Laborassistentin tätig sei. Ich antwortete, ebenfalls sehr deutlich, dass sie also ein paar Petrischalen auswische und Reagenzgläser schüttle, um einen Batzen Geld dafür zu bekommen. Selbstverständlich war sie beleidigt – ich konnte ihr aber nach dieser überspitzten Aussage gut erklären, was ein Makler in Wirklichkeit alles machen müsste, um sein Geld zu bekommen.

Natürlich gibt es in jeder Branche schwarze Schafe. Genau wie bei den Handwerkern, Versicherungsberatern, Bankberatern (man denke bitte an die Krise von 2008!) oder Kaufleuten gibt es auch unter Immobilienmaklern welche, die nicht gerade seriös arbeiten. Zudem benötigt man (noch) keine Ausbildung für diesen Beruf. Man besorgt sich den § 34 C (die so genannte Maklererlaubnis), eine Gewerbeanmeldung und das war's. Zumindest bis jetzt.

Es gibt einige Makler, die nicht einmal ein Grundbuch lesen können oder die Gegebenheiten einer Flurkarte, geschweige denn den Kaufvertrag mit all seinem Fachchinesisch erklären – und das müssen nicht immer unbedingt „Wald- und Wiesenmakler" sein. Darunter sind durchaus auch Kollegen, die in größeren Firmen oder Verbänden tätig sind. Für sie zählt oftmals einzig und allein der Verkaufserfolg.

Das Hauptproblem liegt aber eher darin, dass jeder weiß, was ein Makler verdient. Hier im Berlin-Brandenburger Raum, Hamburg und Hessen sind den breiten Bevölkerungsschichten die üblichen sechs Prozent Käuferprovision zuzüglich Umsatzsteuer geläufig, in den südlichen Bundesländern sind es drei Prozent – jeder kann sich ganz einfach ausrechnen, was der Makler bekommt. Bei allen anderen Branchen kann über den jeweiligen Verdienst nur spekuliert werden. Wenn ein Anlageberater seinen Abschluss macht, weiß der Kunde in der Regel nicht, wie viel Provision er dafür bekommt. Ermöglicht ein Bankberater eine Finanzierung, erhält er unter Umständen bis zu zwei Prozent Provision dafür, und was hat er dafür getan? Er lässt sich die Objektdaten vom Kunden geben, die dieser wiederum vom Makler bekommt, drei Gehaltsnachweise sowie eventuell die letzte Einkommensteuererklärung, und reicht alles bei der Bank ein. Nach vielleicht gerade mal 15 bis 20 Stunden Aufwand hat er, je nach Finanzierungshöhe, mehr verdient als andere in zwei bis drei Monaten harter Arbeit.

Geschichten
aus dem Grundbuch

*I*ch erlebe immer wieder, dass der Käufer bestimmen möchte, wie viel der Makler zu verdienen hat. Befindet er, dass der Makler wenig Arbeit mit ihm hatte, legt er einfach fest, dass drei oder vier Prozent vom Kaufpreis ja wohl genügen müssten. Er weiß ja nicht, dass der Makler bereits sehr viel Zeit damit verbracht hat, die Immobilie überhaupt verkäuflich zu machen. Er weiß auch nicht, dass der Makler schon fünfzig Besichtigungen in dem Objekt durchgeführt hat. Und es wird auch gern vergessen, dass – ungeachtet der Wochenendbesichtigungen und der ständigen, telefonischen Erreichbarkeit – das Maklerbüro, das Kfz, die Vermarktung auf den jeweiligen Internetplattformen und so weiter Geld kosten. Man wird oft das Gefühl nicht los, solche Menschen denken, man mache diese Arbeit nur, um sein Taschengeld aufzubessern. Aber auch wenn ein einzelnes Objekt vielleicht wirklich einmal weniger Schwierigkeiten und Arbeit macht, muss die Tätigkeit um die Immobilien doch im Ganzen gesehen werden.

Ich hatte einen Bauernhof bei Gransee zum Verkauf und waren laut Angabe der Verkäuferin die dritten Makler, die versuchen sollten, das Objekt an den Käufer zu bringen. Die Rahmenbedingungen waren etwas schwierig, aber nicht unlösbar. Wenn ich ein Objekt aufnehme, lasse ich mir den Grundbuchauszug geben, um zum Beispiel auch die richtige Grundstücksgröße im Exposé vermerken zu können. Der Grundbuchauszug ist sozusagen der Personalausweis jeder Immobilie.

Hier stellte sich bei Einsicht aber heraus, dass sich der angebotene Bauernhof so einfach nicht verkaufen ließ: Das Objekt gehörte zu einem Vierseitenhof, wovon das eine umgebaute Gebäude mit über 4.800 Quadratmetern Grundstücksfläche zum Verkauf stehen sollte. Die Grundstücksgröße war aber nur vage geschätzt und stand so als eigenes Flurstück nicht im Grundbuch. Der Grund war, dass die Notarin, welche die damalige Schenkung des Bauern des Resthofes abwickeln sollte, die Beschenkten falsch beraten hatte. Richtig wäre eine reale Trennung des Grundstücks und der Gebäude vom Gesamthof gewesen. Dazu hätte man das Grundstück aber neu vermessen müssen – doch das ist sehr teuer. Also entschied man zusammen mit der Notarin, die gesamte Immobilie in Sondereigentum zu verwandeln; das war zunächst billiger und der Bauer war damit auch einverstanden. Niemand wies jedoch darauf hin, welche Nachteile sich bei einem späteren Verkauf daraus ergeben könnten. Unter anderem war der Schenkungsvertrag mit Einschränkungen versehen wie zum Beispiel, dass die Beschenkten das ihnen übertragene Land nicht vollständig nach ihrem Gutdünken verwenden durften und dass der Innenhof, bis auf ein kleines, nur von der Küche aus begehbares Kräutergärtlein, tabu war. Der Bauer, dessen Gesamtbesitz rund 38 Hektar betrug, hatte sich darüber keine weiteren Gedanken gemacht. Er hätte es aber tun müssen, denn die Beschränkungen waren nur in der Schenkungsurkunde vereinbart und nicht in der Teilungserklärung. Damit waren sie personenbezogen und nicht generell festgelegt, wie es eigentlich üblich ist.

Für alle, die diese Problematik nicht kennen, sei Folgendes erklärt: Wenn man sich zum Beispiel eine Eigentumswohnung in einem Zehnfamilienhaus zulegt, gehört einem die Wohnung selbst, aber man ist zu einem Zehntel auch Eigentümer des Hofes, der Keller sowie des Dachbodens. Das nennt man dann Sondereigentum und es ist in der Teilungserklärung vermerkt.

Nun wurde es ernst, die Familie stand vor der Trennung, der Mann zog aus und die zurückgebliebene Frau konnte die monatliche Rate allein nicht mehr bewältigen. Die Immobilie stand kurz vor der Zwangsvollstreckung. Wenn aber ein Hof in dieser Konstellation verkauft werden soll, muss der Besitzer des restlichen Landbesitzes dem zustimmen. Tut er das nicht, ist ein Verkauf nicht möglich. Der Besitzer des restlichen Hofes jedoch wollte nicht zustimmen, denn er wollte nicht, dass Fremde auf seinem Hof leben. Somit bestand die einzige Möglichkeit für den Verkauf, wollte man die Zwangsvollstreckung umgehen, darin, das Sondereigentum in Realeigentum zurückverwandeln.

Es folgten lange Diskussionen mit dem Bauern und der Verkäuferin. Wie so oft ging es um das leidige Thema Gebühren. Der Bauer wollte sich nicht beteiligen und die Frau schaffte es alleine nicht, die anfallenden Kosten zu tragen. So eine Umschreibung kostet natürlich; als Grundlage wird der vorhandene Wert des Gebäudes sowie des Landes angesetzt, dann greift die Gebührenordnung des Notars. In diesem Fall ging es allein für den Notar um Kosten in Höhe von über 3.000 Euro. Dazu wären noch die Vermessung und die katasteramtlichen Eintragungen gekommen. Ich musste dem Bauern klar und deutlich machen, dass seine Beteiligung zu seinem eigenen Besten absolut notwendig wäre. Denn käme es zur Zwangsvollstreckung, wären alle Vereinbarungen der Urkunde gegenstandslos – was bedeutet hätte, dass der Ersteigerer zwölf Hektar Ackerland zum Haus dazubekommen hätte, ohne auch nur einen Cent extra dafür zu bezahlen. Laut Grundbuch stand dem getrennten Paar nämlich ein Drittel des Landes zu, auch wenn sie es nicht genutzt hatten aufgrund der Sondervereinbarungen.

Bauer und Verkäuferin kamen letztlich aber noch mit einem blauen Auge davon, denn wir fanden aufgrund der schwierigen Umstände niemanden, der das Objekt kaufen wollte. So vermietete die Verkäuferin ihr Objekt nach Rücksprache mit der Bank und entging dadurch einer Zwangsvollstreckung.

Interessant für mich war, dass diesen Umstand keiner der vorherigen Kollegen bemerkt hatte. Sie hatten Zeit und Geld in ein Objekt investiert, das so gar nicht verkäuflich war. Das kann passieren, wenn man sich mit den Eintragungen im Grundbuch nicht auskennt oder sich auf die Aussagen des Verkäufers verlässt. Davon abgesehen, hatte ich zwar eine Lösung gefunden, um den Hof verkäuflich zu machen, aber letztendlich auch nur Mühe und Kosten gehabt. Die Verkäuferin war allerdings von dem Arrangement so angetan, dass sie mich weiterempfahl. So lohnte sich der Aufwand, wenn auch auf andere Weise, doch noch.

Bei einem Verkauf in Oranienburg war es nicht ganz so dramatisch. Der Verkäufer gab an, dass er die Größe seines 900-Quadratmeter-Grundstücks selbst ausgemessen hatte. Das Grundbuch wollte er später nachreichen, sodass ich diese Angabe erst einmal so im Exposé verzeichnete. Nach etwa einer Woche bekam ich den aktuellen Grundbuchauszug – und stellte fest, dass das Grundstück nur 750 Quadratmeter groß war. Die Änderung der Größe im Exposé war schnell gemeistert und ich unterrichtete die Interessenten, die sich bis dahin für das Objekt interessiert hatten. Nun kam natürlich die Frage auf, woher denn die restlichen 150 Quadratmeter kamen. Der Eigentümer wusste es nicht, denn er hatte das um 1930 erbaute Haus auch erst später erworben. Um den Fehler zu finden, hätte man das Grundstück vermessen lassen müssen. Aber wozu? Man kauft immer das, was im Grundbuch angegeben ist. Kommt zufällig dabei heraus, dass, wie in diesem Fall, das Grundstück größer ist, man sich aber nicht sicher ist, wo die überzähligen Quadratmeter zu suchen sind, genügt die Information an die Käufer (siehe dazu auch „Wenn's dem bösen Nachbarn nicht gefällt"). Wenn in den Nachbargrundstücken keine Neuvermessung notwendig ist, kommen solche Grundstücksverkäufe in der Regel nicht ans Tageslicht.

Anders als im nachfolgenden Fall. Hier ging es um ein Grundstück in Ziegelscheune bei Gransee. Die Größenzahlen des Grundstückes stimmten, aber der Verkäufer hatte sich bei dem Verlauf der Grundstücksgrenze geirrt. Der Nachbar baute neu, und erst durch die Einmessung gelangte man zu der Erkenntnis, dass etwas nicht mehr stimmte. Es entstand deshalb Streit, da der Verkäufer auf einem Teil dieses Landes einen großen, massiven Pool erbaut hatte und diesen nicht abreißen wollte. Ich kontaktierte den Nachbarn und mit viel Diplomatie ist es gelungen, den Streit beizulegen – er war nun dazu bereit, den Grundstücksstreifen an den Neuerwerber zu verkaufen.

In Dollgow/Stechlin bot eine Frau das kleine Haus ihrer verstorbenen Mutter zum Verkauf an. Nach ersten Informationen durch den freundlichen Nachbarn konnte ich ohne Einblick in Flurkarte und

Grundbuch in Erfahrung bringen, das das angebotene Grundstück zu einem großen Teil der Kirche gehörte. Das Haus stand in Randbebauung, aber die großzügige Einzäunung war auf Kirchenland. Deshalb setzte ich mich zuerst mit dem Pastor in Verbindung. Dieser gab an, dass man über diesen Zustand schon Bescheid wusste, der alten Frau die unentgeltliche Nutzung aber bis zu ihrem Ableben gewährt hatte. Ein Verkauf des Grundstücksstreifens kam nicht in Frage; in solchen Dingen ist die Kirche sehr eigen, denn sie denkt ja bekanntlich in Jahrhunderten. Ein preisgünstiges Pachten würde aber kein Problem darstellen. Die Verkäuferin, die schon vorher versucht hatte, das Objekt zu verkaufen, war über diesen Zustand nicht genau informiert und bot den Interessenten ein Grundstück an, das ihr nicht gehörte.

Bei einer Mildenberger Doppelhaushälfte kam heraus, dass es zwischen beiden Hälften keine Brandmauer gab. Das um 1920 erbaute Haus war wohl einmal ein Einfamilienhaus gewesen; so befand sich zwischen den beiden Hälften nur eine verkleidete Holzwand.

Die Verkäufer hatten ihre Doppelhaushälfte mit den richtigen Grundstückszahlen angeboten, aber nicht gewusst, dass es sich dabei um Sondereigentum handelte. Da man den Nachbarn nicht unbedingt fragen wollte, welchen neuen Nachbarn er denn nun akzeptieren würde, entschloss man sich dazu, die Grundstücke real zu teilen. Hierfür waren nach der einmaligen Zustimmung des Nachbarn eine Neueinmessung und der nachträgliche Einbau einer Brandmauer nötig, was bei der kleinen Doppelhaushälfte kein Problem darstellte. Nach der Einmessung stellte sich heraus, dass der Nachbar weniger Land hatte als der Verkäufer. Das wird auch schon vorher so gewesen sein, aber da hatte es nicht gestört. Nun sah man das Ergebnis in Zahlen, schwarz auf weiß, auf dem neuen Lageplan. Der Nachbar fühlte sich untervorteilt und wollte nun nicht mehr zustimmen. Es war viel Überzeugungsarbeit notwendig, ihm begreiflich zu machen, dass auch er aus der Teilung Nutzen ziehen würde, zumal er sich an den Kosten nicht beteiligen musste. Immerhin – es gelang.

In Flecken Zechlin bekam ich ein großes Dreifamilienhaus zur Vermarktung angeboten. Ich verabredete mich mit dem Verkäufer am Ortseingang, damit wir gemeinsam zum Haus fahren konnten. Da ich die Preisvorstellung schon kannte, war ich vom äußeren Anblick geschockt. Auf einer leichten Erhöhung stand das vom Außenputz befreite Haus mit einfach verglasten Holzfenstern, in Randbebauung zu einem eingeschossigen Gebäude und auf einem recht großen, völlig verwilderten Grundstück. Auch innen ließ sich die Kaufpreisvorstellung des Verkäufers nicht so ganz rechtfertigen. Das Haus war fast entkernt, auch hier gab es keinen Putz mehr an den Wänden, die Elektroleitungen waren veraltet und genauso die Zu- und Abflussleitungen. Eine Zentralheizung existierte nicht und die wenigen verbliebenen Kachelöfen boten einen trostlosen Anblick. Nur das Dach war komplett neu gedeckt. Der unmittelbare Nachbar gesellte sich aus Neugierde zu uns. Von ihm erfuhr ich, dass es im Obergeschoss ebenfalls keine Brandmauer gab und der Garten damit Sondereigentum war. Der Verkäufer bestritt dies – selbst, als der Nachbar seinen Grundbuchauszug holen wollte. Da nun seitens des Verkäufers ein gewisser Unmut entstand, bat ich ihn, mir zeitnah seinen Grundbuchauszug zuzusenden; dann würde man schnell feststellen, wie es sich mit dem Eigentum verhält. Schließlich wollte ich ja wissen, wie ich das Haus vermarkten müsste. Auf den Grundbuchauszug warte ich noch heute – wer weiß warum und welche Eintragungen mich noch erwartet hätten.

Man kann aber nicht alles aus dem Grundbuchauszug oder Lageplan erfahren. Gerade bei kleineren Ortschaften existieren manchmal interne, schriftlich festgehaltene Absprachen für Nutzungsrechte. Das betrifft beispielsweise Vermietungen von Scheunen und Ställen oder Geh- und Fahrrechte wie in dem nachfolgenden Fall.

Im Granseer Landkreis ging es um eine Nachlassangelegenheit. Ein Bauer aus dem Nachbarort hatte mit dem Alteigentümer ausgehandelt, dass er zur Pflege seines hinter dem Objekt liegenden Feldes ab und an über das Grundstück fahren durfte, um lange Umwege zu umgehen. Die Nachbarn wiesen mich darauf hin, als ich zur ersten Besichtigung auf die Interessenten wartete, und nannten auch den Bauern. Die Erben durchforsteten daraufhin alle Unterlagen des Verstorbenen, konnten aber nichts darüber finden.

Man stelle sich vor, die neuen Eigentümer sitzen draußen beim gemütlichen Frühstück und das Bäuerlein fährt mit seinem fliegenumschwärmten Jauchewagen über das Grundstück, dicht an der neu erbauten Terrasse vorbei, um seinen Acker zu düngen.

In mehreren Terminen konnte ich den Bauern davon überzeugen, dass das vom verstorbenen Eigentümer erteilte, schriftlich festgelegte Fahrrecht nun keine Gültigkeit mehr besaß und er wieder Umwege in Kauf nehmen musste.

Das Thema Geh-, Fahr- und Leitungsrechte erwähnte ich bereits bei den Hammergrundstücken. Die Verkäuferin aus dem schönen Oberkrämer nordwestlich von Berlin, hatte in ihrem Grundbuch diese Dienstbarkeit für die Tochter eingetragen, der das Grundstück dahinter, ein Stück Ackerland, gehörte. Zusätzlich war aber noch der Landkreis mit dem gleichen Recht eingetragen.

Die Tochter verzichtete auf das nach dem Verkauf für sie wertlose Stück Land. Damit hätte man die Dienstbarkeit löschen lassen können.

Der Landkreis war allerdings auf meine Anfrage hin ganz anderer Meinung und bestand darauf, dass jene Dienstbarkeit im Grundbuch zu verbleiben habe, damit die Feuerwehr im Falle eines Feuers an den dahinterliegenden Acker komme. Dazu ist zu erwähnen, dass es sich bei dem Verkaufsobjekt um ein 3.600 Quadratmeter großes Grundstück mit einer Frontbreite von über 30 Metern handelte. Die Einfahrt, auf die sich das Recht bezog, lag abseits und vom übrigen Grundstück mittels einer großen Hecke getrennt. Dann ist es ja nicht so schlimm, wird mancher meinen. Aber denkste: Während sich bei den Hammergrundstücke die hinteren Parteien, auch aus eigenem Interesse, um die Pflege der ihnen nicht gehörenden Zufahrt kümmern, verlangt der Landkreis diese Pflege von den jeweiligen Eigentümern, selbst wenn sie die Einfahrt, wie in diesem Fall, gar nicht nutzen. Das betrifft unter anderem auch die Freihaltung im Winter, auch wenn dann auf dem genannten Feld gar nichts Brennbares mehr wächst.

Ich konnte das Grundstück trotz dieser Dienstbarkeit verkaufen, nachdem die Verkäuferin den Weg noch von dem mittlerweile hoch wuchernden Weidengestrüpp befreit hatte

„Verkaufbar machen" lautet die Devise. Nicht immer eine leichte Tätigkeit, wie im vorangegangenen Kapitel zu merken war.

Zu guter Letzt möchte ich noch einen Fall aus Gransee beschreiben, wo die Verkäufer komplett überschuldet waren. Das Grundbuch war voll mit Nachranggläubigern und es waren zusätzlich noch andere Rechnungen offen.

Für alle, die sich mit Schuldrecht nicht auskennen: Wenn eine Schuld lange offen ist und der Gläubiger in Erfahrung bringt, dass der Schuldner im Besitz einer Immobilie ist, dann lässt er sich als letzte Möglichkeit mit einer Zwangssicherungshypothek in das Grundbuch eintragen. Hierbei geht es nicht immer um hohe Summen, es können auch Beträge von unter 1.000 Euro sein. Der Gläubiger wäre nun in der Lage, durch eine Zwangsvollstreckung an sein Geld zu kommen. Er käme aber nur dann in vollem Umfang an sein Geld, wenn er allein mit seinem Titel im Grundbuch stünde. Zumeist ist jedoch an erster Stelle die finanzierende Bank verzeichnet, die mehr oder weniger bestimmt, wo es langgeht. Deshalb ist die Ranghöhe der Gläubiger entscheidend. In der Regel betreibt aber selbst der Zweit-, Dritt- oder Viertranggläubiger die Zwangsvollstreckung nicht selbst, denn er muss das Kosten-Nutzen-Risiko abwägen. Wenn die Schuld nicht allzu hoch ist, fällt diese Einschätzung oft negativ aus. Zwar sind

Zwangsvollstreckungen beim Amtsgericht für sich genommen nicht so teuer, aber da das Amtsgericht die Immobilie nicht kennt, muss ein staatlich vereidigter Gutachter bestellt werden. Und dessen Arbeit kostet.

Es handelte es sich in besagtem Fall um einen voll unterkellerten Ständerbau in Hanglage aus dem Jahre 1950, schön mit Asbestplatten verkleidet, aber ruhig am Wald gelegen. Als Kaufpreis konnte ich ca. 73.000 Euro ermitteln. Nach ein paar Besichtigungen stellte sich heraus, dass jemand bereit war, einen Kaufpreis in Höhe von 66.000 Euro zu bezahlen. Ich versuche in solchen Fällen immer zu ermitteln, inwieweit der Erstranggläubiger bereit wäre, für die Nachfolgenden mit der Forderung nachzulassen, um den anderen eine so genannte Lästigkeitsprämie zu zahlen. In der Regel ist die Ausbeute nicht besonders hoch, da der erstrangig Eingetragene ja die besten Karten hat und sich die nicht nehmen lassen will. Für 65.000 Euro hätte ich aber eine Löschungsbewilligung für die im Grundbuch eingetragene höhere Last bekommen.

Jetzt ging es darum, um wie viel die vier Nachranggläubiger von ihren Forderungen ablassen würden. Ich konnte kleine Erfolge erzielen und die Forderungen auf insgesamt 1.500 Euro senken. Dafür muss ich den Gläubigern in der Regel erst einmal klarmachen, dass bei einer Zwangsvollstreckung keineswegs immer ihre Schulden komplett mit Zins und Zinseszins getilgt werden. Sie brauchen eine Weile, bis sie mir glauben, dass es genauso gut zu einem Totalverlust kommen könne.

Der verbliebene Gläubiger war ein Versandhaus. Es gelang mir auszuhandeln, dass sie für den immer noch nicht bezahlten Kamin auf eine Grundbucheintragung verzichteten, sodass ein Verkauf für 67.500 Euro möglich gewesen wäre.

Ich ließ um die Differenz mit der Maklerprovision nach und alle Parteien waren zufrieden. Wir konnten also frohen Mutes zum Notar schreiten. Hätten schreiten können: Kurz vor dem Notartermin kam es bei dem nicht mehr bewohnten, unversicherten Gebäude zu einem Wasserrohrbruch. Das Gebäude war danach höchstens noch 40.000 Euro wert. An einen Verkauf war nicht mehr zu denken.

Zufällig entdeckte ich das Objekt etwa ein Vierteljahr später im Angebot eines anderen Maklers, für einen Kaufpreis von 45.000 Euro. Da ich meine Neugierde befriedigen wollte, wie es denn nun zu diesem Preis kommen konnte, rief ich den Kollegen an. Wie sich herausstellte, hatte er das Grundbuch nicht gelesen oder verstand es nicht. Er gab mir klar zu verstehen, dass er als Profi jetzt am Zuge sei, weil ich versagt hätte. Meine Einwände bezüglich der Gläubiger wies er lässig zurück; vermutlich wusste er auch nicht, was ich damit meinte. Die Immobilie wurde im gleichen Jahr zwangsversteigert, wie mir später der Nachbar erzählte.

Der Makler verdient sein Geld also erst, wenn er einen Verkauf überhaupt erst möglich macht. Dazu gehört es eben auch, den Verkäufer mit Fragen zu durchlöchern, sich gegebenenfalls bei Nachbarn und Behörden zu erkundigen, sich mit Flurkarten und Grundbüchern auseinanderzusetzen, bei Überschuldung Gläubiger anzuschreiben und nicht nur wohlwollend den gewünschten Kaufpreis zu notieren, um dann die Provision daraus zu errechnen. Kurz: Ganz so einfach, wie es sich viele vorstellen, ist unser Job nun wirklich nicht!

Nachwort –
Tipps für den Umgang mit Maklern

Es gibt natürlich auch einfach zu verkaufende Immobilien mit lastenfreien Grundbüchern, ohne Vorkaufsrechte von irgendwelchen ehemaligen Mietern, die schon lange verstorben sind, oder Grundbuchdienstbarkeiten mit lebenslangem Wohnrecht. Und die meisten Doppelhaushälften besitzen eine Brandmauer.

Verkäufer werden in zahlreichen Anzeigen darauf hingewiesen, dass sie auf den Makler auch verzichten und alles selbst erledigen könnten. Selbstverständlich kann man das, wenn man über das notwendige Wissen verfügt. Dann rennt man anschließend auch seinem Geld nicht hinterher, das gesperrt wegen angeblicher Mängel auf dem Notaranderkonto liegt. Ebenso sicher kann man auch sein Auto selbst reparieren oder einen Jumbojet fliegen. Im Internet steht jede Menge „kostengünstiger" Software bereit, und die Menschen, die das „Do it yourself" anpreisen, halten auch gleich für alle Fragen das richtige und *„preisgünstige"* Handbuch vorrätig. Aber wozu das alles? Mit fast jedem Makler kann man einen Vertrag aushandeln, Punkte mit einfügen und die Vertragslaufzeit kürzen, um sich nicht ewig zu binden, oder man erteilt dem Makler eine Vollmacht, das Objekt verkaufen zu dürfen.

Nur sollte man nicht meinen, dass der Verkauf schneller geht, wenn man mehrere Makler beauftragt. Denn dann erscheint das Haus auch gleich mehrfach bei den gängigen Internetplattformen. Bemerken eventuelle Interessenten dies, könnten sie fälschlicherweise glauben, dass es sich um einen Notverkauf handele – und sie also gute Chancen hätten, den Preis gehörig zu drücken.

Aus großspurigen Erzählungen seitens des Maklers über seine vielen Aufträge und Verkaufserfolge sollte man sich als Hausverkäufer nichts machen. Besser ist es, selbst aufmerksam darauf zu achten, wie der beauftragte Makler arbeitet. Zur Prüfung ist ab und an ein Anruf nötig. Geht zum Beispiel ab 10:00 Uhr nach mehreren Versuchen niemand ans Telefon und es wurde auch keine Mobilnummer hinterlegt, oder ist eine vorhanden, bei der aber immer nur eine Mailbox antwortet, ist das schon fragwürdig.

Es ist auch nicht unbedingt notwendig, große Maklerfirmen zu wählen, denn gerade die kleineren Makler wollen und müssen dafür sorgen, dass ihr Schornstein raucht, und kümmern sich schon aus reinem Eigennutz darum, dass die angebotene Immobilie von allen in Frage kommenden Käufern gefunden wird. Außerdem haben Verkäufer hier den Vorteil, dass der ihnen bekannte Ansprechpartner auch grundsätzlich zu den Besichtigungen kommt und nicht, wie es bei größeren

Firmen ab und an der Fall ist, die Besichtigungen von einem Studenten oder Praktikanten übernommen werden. Diese kennen das Haus dann auch nur aus dem Exposé.

Ich weise bei Hausaufnahmen immer darauf hin, dass die Makleraussage „ich verfüge über einen großen Kundenstamm" nicht viel bedeutet, denn über den verfügen auch die Kollegen. Wenn ein Kunde sucht, trägt er sich bei allen möglichen Maklerfirmen mit seinem Profil in der Registratur ein. Das heißt also, dass sich Kunde XY bei vielen Maklern zum „großen Kundenstamm" beiträgt.

Bei den Besichtigungen sollte man den Makler ruhig mit seinen Kunden arbeiten lassen. Kein Makler kann sich die Kunden aus den Rippen schneiden, und wenn das Haus nach einer gewissen Zeit immer noch nicht verkauft ist, muss man sich zusammensetzen und darüber reden, woran es liegen könne – statt gleich den nächsten Makler zu beauftragen. Die gespeicherten pensionierten Lehrer, Beamte, Ärzte in der Kundendatei des Maklers müssen sich ja nun nicht unbedingt für dieses Haus interessieren, auch wenn der Verkäufer selbst der Meinung ist, es wäre der absolute Knaller.

Nach einer längeren Präsentation im Netz ist die Immobilie zudem allseits bekannt. Dann haben sich viele Kaufinteressenten bereits in Lauerstellung begeben, wie weit der Preis noch sinkt, um dann, wenn er die gewünschte Höhe erreicht hat, sofort zu zuschlagen. Denn senkt man den Preis unter Absprache ein wenig, steigt die Zahl der Anfragen schon wieder. Die meisten Käufer setzen sich selbst eine bestimmte Grenze, sei es, weil die Bank nicht mehr zahlt, oder weil sie noch Geld zum Ausbau benötigen. Selbst wenn man dem Kunden im Exposé verspricht, dass er bei Kauf noch einen Koffer voller Gold und den allseits beliebten Porsche als Geschenk erhält, würde er es nicht wissen, denn er liest das Exposé ja nicht – ja, er sieht es noch nicht einmal, wenn es über seiner Preisgrenze liegt, denn die Filterfunktion auf den Internetplattformen blendet es für ihn aus.

Wenn die Käufer des Maklers niedrigere Angebote abgeben, als der Verkäufer haben will, so sollte er daran denken, dass er auf der anderen Seite auch Konsument ist und nach dem einen oder anderen Schnäppchen sucht. Also nicht gleich sauer werden und zur Mistforke greifen! Einfach besonnen bleiben und fragen, warum er das tut, denn ein paar Argumente sollte er dann schon bringen. Ansonsten ist es für den eigenen Seelenfrieden sowieso besser, den Makler bei der Begehung mit seinen Kunden allein zu lassen denn. Es gibt immer wieder auch Käufer, die alles ungebührlich schlechtreden, um den Preis zu drücken. Der Makler ist das gewohnt und kann sich entsprechend verhalten, aber hört das der Verkäufer, der viel

Blut, Schweiß und Tränen in das Haus gesteckt hat, so ballen sich seine Hände in den Taschen schnell zu Fäusten.

Ist man sich aber bezüglich der angepriesenen Maklertätigkeit unsicher, das Maklerbüro nicht erreichbar, man findet seine Immobilie auf keiner Plattform und es kommt niemand auch nur zur Außenbesichtigung (das merkt man bei Einfamilienhäusern schon), kann man immer noch wechseln. Hier im Berlin-Brandenburger Raum entstehen dem Verkäufer keine Kosten (es sei denn, man will vermieten), und der Makler sorgt in der Regel auch aus eigenem Interesse dafür, dass nicht nur Touristen und Gaffer zur Besichtigung kommen, um die Bude dreckig zu trampeln, denn mit denen will er seine kostbare Zeit auch nicht vertrödeln. Bitte nie vergessen: Der Makler verdient sein Geld erst nach einem Verkauf.

Für Käufer aus den südlichen Bundesländern sei am Rande erwähnt, dass auch sie mindestens sechs Prozent Maklerprovision vom Kaufpreis zuzüglich Mehrwertsteuer zahlen – wenn nicht gar mehr. Im Süden wird die Provision in der Regel hälftig geteilt. Ich habe hier im Berlin-Brandenburger Raum des Öfteren Probleme mit Kunden aus den südlichen Regionen, die ja nur drei Prozent gewöhnt sind und auch hier nicht mehr bezahlen wollten. Aber die anderen drei Prozent übernimmt in diesen Regionen der Verkäufer als so genannte Innenprovision – und schlägt sie natürlich vorher auf den Kaufpreis auf. Es ist also nichts anderes als Augenwischerei, denn diese Absprache besteht nur zwischen Makler und Verkäufer. Als Käufer wird man nie den wahren Kaufpreis erfahren.

In den vorgenannten Bundesländern hingegen ist die Courtagehöhe transparent und mitunter auch noch verhandelbar. Die Käufer, denen ein Objekt provisionsfrei vom Makler angeboten wird, sollten immer daran denken, dass niemand etwas zu verschenken hat und niemand, weder in dieser noch in sonst einer Branche, umsonst arbeitet!

Und in Bezug auf die Arbeit als Makler sei nur eins wiederholt: Zum Makeln gehört eine Menge mehr als nur ein paar Wochenendbesichtigungen und nach dem Verkauf die Hand aufzuhalten. Die Geschichten in diesem Büchlein dürften davon einen Eindruck vermittelt haben. Ärgern Sie sich also nicht, wenn nach erfolgreichem Kauf die Provisionsabrechnung kommt – wir haben wirklich dafür gearbeitet!

Vita

Henrik Bönitz, Jahrgang 1962 und gebürtiger Berliner, arbeitete früher als Gas-Wasser-Installateur. Seine zunächst nebenberuflich betriebene Tätigkeit als Versicherungs-Finanzberater machte er im Jahr 2000 zum Hauptberuf. Seit 2004 betreut Bönitz als Immobilienmakler seine Kunden, vor allem im nördlichen Speckgürtel von Berlin. Dabei hat er sich insbesondere auf den Verkauf von Ein- bis Dreifamilienhäusern spezialisiert.

Zeitfracht Medien GmbH
Ferdinand-Jühlke-Straße 7
99095 Erfurt, Deutschland
produktsicherheit@kolibri360.de